AF473523

EXPOSITION UNIVERSELLE DE 1900

LE VIEUX PARIS

Guide Historique, Pittoresque & Anecdotique

Prix : 50 Centimes

LE VIEUX PARIS

EXPOSITION UNIVERSELLE DE 1900

Guide

Historique, Pittoresque & Anecdotique

MOYENS D'ACCÈS

BATEAUX PARISIENS

Rive Droite : Austerlitz-Auteuil.

Rive Gauche : Charenton-Suresnes.

TRAMWAYS

Lignes : Etoile-Montparnasse.
— Gare de Lyon-Pont de l'Alma.
— Gare de Lyon-Avenue Rapp.
— Passy-Hôtel-de-Ville.
— Louvre-Boulogne.
— Louvre-Versailles.

OMNIBUS

Ligne : Pont de l'Alma Gare du Nord.

CHEMIN DE FER

Des Invalides aux Moulineaux : gare en face le *Vieux Paris* (rive gauche).

PONTS ET PASSERELLES

Pont de l'Alma.

Passerelle de l'Alma, longeant le pont de l'Alma en amont.

Passerelle au-dessus et passerelle au-dessous du pont de l'Alma. La première met le *Vieux Paris* en communication avec le quai d'Orsay et les pavillons de la rue des Nations. Les deux autres mettent le *Vieux Paris* en communication avec le Palais des Congrès et le Cours-la-Reine.

Passerelle du Vieux Paris à l'extrémité aval du *Vieux Paris*. Communication directe avec le Champ de Mars.

ENTRÉES PRINCIPALES

A l'amont : Place de l'Alma. — Porte 35.

A l'aval : Passerelle du *Vieux Paris*. — Porte 36.

LE VIEUX PARIS

PLAN FIGURÉ DU QUARTIER MOYEN AGE JUSQU'AU GRAND THÉATRE

LE VIEUX PARIS

PLAN FIGURÉ DEPUIS LE GRAND THÉATRE JUSQU'A LA PASSERELLE DU VIEUX PARIS

TABLE

DES RUES, RUELLES, PLACES, ÉDIFICES ET LOGIS DANS LE SENS DU COURS DE LA SEINE

Pour la description ci-après des divers édifices et logis, on a pris pour ligne le cours de la Seine, en partant du pont de l'Alma. Il n'y aura donc, pour les visiteurs entrant à l'aval par la passerelle du Vieux Paris, *par la berge ou le quai de Billy, qu'à suivre l'ordre inverse.*

COLLABORATEURS

Maistre de l'œuvre : **M. A. ROBIDA.**

Architectes : M. L. BENOUVILLE.

MM. Beitz,
Vilain,
Gombert,
Klinka de Vlastimil,
Olaf.

Architecte paysagiste : M. Martinet.

Travaux en rivière et plate-forme : M. ARANA, conducteur principal des Ponts et Chaussées.

MM. Le Coeur, Léon Marie, Crozel, Renaud et Planard.

Gros œuvre : M. J. Le Coeur.

Circulations, pavage et dallage : MM. Monduit et Roze.

Canalisation d'incendie : M. Fonquergne.

Canalisation d'eau : MM Tournaire et Fonquergne.

Eclairage électrique : Compagnie électro-mécanique.
M. Duriez, ingénieur

Installations sanitaires : M. Froment.

STAFFS, MOULAGES ET SCULPTURES

MM. Cocchi : *Pavillon des singes, Maison de Nicolas*

Flamel, Sirènes du Pont au Change, Palais, Escalier de la Sainte-Chapelle.

MM. Leemans et Lecourt, M. Cardona : *Eglise Saint-Julien-des-Ménestriers, portail et tribunes; Horloge du Châtelet, Maison Renaissance du Pont au Change, Bretèche Renaissance*, etc.

Mlle Émilie Robida : *Ymaiges gothiques, médaillons et panneaux Renaissance.*

Peinture : M. Béra.

Vitraux : M. Richard : *Sainte-Cécile ; Fondation de la chapelle Saint-Julien-des-Ménestriers ; L'aubade des pauvres Menestrels ; Verrières pour l'église Saint-Julien-des-Ménestriers.*

Orgues (théâtre) : MM. Merklin et Cie.

— (église) : M. Toledo.

Horloges : MM. Chateau, successeurs de Collin.

Carillon et cloches : MM. Drouot et Thurel, de Douai.

Costumes de la Ville : M. Boichard.

Enseignes : MM. Béra et Fournier.

SERVICES ET CUISINES

MM. Aubert : *ciments et pavage.*

Roux et Combaluzier, *monte-charges.*

Briffault, *installation des cuisines.*

Tout à l'égout : M. Roze.

NOTA

Il serait injuste de ne pas donner une mention aux vaillants collaborateurs de la main-d'œuvre, qui pendant toute la durée des travaux nous ont émerveillés par leur hardiesse et leur habileté, mettant toute leur ingéniosité au service du *Vieux Paris* pour venir à bout de toutes les difficultés et complications d'une série de constructions de ce genre, et répondre à toutes les exigences du programme.

En première ligne nous citerons les charpentiers, ces extraordinaires équilibristes, qui, l'herminette ou la bisaigüe en main, évoluaient sur des poutres étroites, à des trente ou quarante mètres au-dessus de l'eau, et y travaillaient aussi à l'aise que sur la plate-forme elle-même.

Ce sont les maçons qui ont trouvé les procédés d'imitation de pierre de taille de tous les tons et de tous les grains, d'une variété que le staff n'aurait pu donner. Dans les restitutions antérieures, avec le procédé par plaques de staff répétées, on retrouvait la même pierre toujours et partout. Au *Vieux Paris*, au contraire, les appareils, les coupes, les tons de la pierre, sont de la plus grande diversité : le staff a été employé seulement dans la décoration, laquelle, ainsi que la sculpture proprement dite, est entièrement ori-

ginale et a été faite spécialement pour le *Vieux Paris.*

Pendant dix-huit mois, les travaux ont été un spectacle pour les passagers des Bateaux Parisiens; les 23 millions de voyageurs que la Compagnie compte par année n'en ont pas perdu un détail, depuis l'enfoncement du premier pilotis, le levage des premières charpentes et de la première grande ferme, jusqu'au placement de la dernière girouette. Aussi, le *Vieux Paris* avant même d'être à la moitié de sa construction, était déjà populaire. Le cocher de fiacre est pour cela un thermomètre infaillible; nous l'avons compris le jour où il nous a suffi de dire : *Cocher, au Vieux Paris !* pour voir l'automédon sourire et partir sans explication.

EMPLACEMENT DU VIEUX PARIS, AVANT LA CONSTRUCTION

LE VIEUX PARIS

L'EMPLACEMENT concédé au *Vieux Paris* au bout du Cours-la-Reine, dans la concavité du tournant de la Seine, est par lui-même un emplacement historique ; il possède une histoire, et une histoire des plus intéressantes.

Au moyen âge, c'était une berge broussailleuse où le flot tantôt s'attardait sous des oseraies, tantôt, lors des crues, affouillait les premières pentes sous les jardins du village de Chaillot, alors appelé *Nigeon*, dont la grande rue et la petite église se voyaient à une faible distance.

La seigneurie de Chaillot appartenait à la grande abbaye parisienne de Saint-Martin-des-

Champs, à qui l'on devait entre autres redevances huit bouquets, plus un fromage gras et un denier par chaque vache paissant dans les prairies d'une île alors située en face, et qui fut incorporée de nos jours au quai d'Orsay.

Plus tard, Chaillot appartint en partie au seigneur de Marly-le-Roy et pour le reste, par un don du roi Louis XI, à messire Philippe de Commines, le bon chroniqueur, qui possédait là un manoir quelque peu ruiné et une tour carrée servant de prison.

A la Saint-Barthélemy, une grande partie des cadavres jetés à la Seine par tombereaux, après les journées de tuerie, vint s'échouer dans les osiers de Chaillot et s'accumuler dans le coude de la Seine, c'est-à-dire juste où s'élèvent aujourd'hui les constructions du *Vieux Paris*. On en trouva dix-neuf cents jusqu'à Auteuil, sur lesquels onze cents rien que dans l'angle du fleuve, et il fallut prévenir messieurs les échevins de la ville, qui envoyèrent les fossoyeurs ordinaires du grand cimetière des Innocents. Ceux-ci, réquisitionnant huit hommes de Chaillot, creusèrent de grandes fosses dans les environs du couvent de Nigeon et probablement dans l'île. On a conservé aux archives de la Ville les reçus de 25 livres tournois touchés en deux fois, les 9 et 13 septembre 1572, par ces fossoyeurs pour leur besogne de Chaillot.

Un encaissement de pierres avait été commencé l'année même de la Saint-Barthélemy pour empêcher la rivière de ronger les prés de Chaillot; plus tard, la seigneurie étant passée au maréchal de Bassompierre, ce mur de quai fut repris et continué. Au cours des travaux du *Vieux Paris*, on retrouva ce mur en larges et superbes pierres enfoui sous le perré de la berge. Il est recouvert maintenant par le nouveau port droit construit par les Ponts et Chaussées sur lequel s'appuie en partie la pointe aval du *Vieux Paris*.

L'ÉCUSSON DE LA VILLE

Ce quai de Chaillot, après le Cours-la-Reine, était

le chemin de Passy et d'Auteuil, du grand couvent des Minimes, dit des Bonshommes, sis à la limite du village, sur le revers de la colline du Trocadéro. C'était la campagne, cultures, vignes, grands jardins autour des riants villages d'Auteuil et Passy, où Boileau, Molière et La Fontaine venaient se reposer des tracas de Paris, du théâtre et du monde.

A Chaillot même était le couvent de la Visitation, où Mlle de La Vallière avait pris le voile et recevait quelquefois au parloir des visites mondaines qui faisaient surgir soudain en son esprit ses rêves courageusement oubliés et les beaux jours de la jeunesse du Roi-Soleil. Passons sur les souvenirs plus récents du quartier; Chaillot, englobé dans la grand'ville sous Louis XVI par l'enceinte des fermiers généraux,

Ce mur murant Paris rend Paris murmurant !

qui nous valut les curieuses et si caractéristiques barrières à l'antique de l'architecte Ledoux, Chaillot était devenu, de village, quartier de Paris. Sur l'emplacement du Trocadéro actuel, le premier Empire avait projeté d'élever un palais au roi de Rome, et le second Empire a songé un instant à y transporter l'École polytechnique.

Le quai de Chaillot devint quai de Billy, du nom d'un général tué à Essling; la manutention mili-

PARTIE DE LA FAÇADE SUR LA SEINE

Cour de la Ste-Chapelle — Le Palais — Pont-au-Change — Le Châtelet — Le Grand-Théâtre

LE VIEUX PARIS LA NUIT

taire s'installa sur l'emplacement de la manufacture de tapis de la Savonnerie, créée par Henri IV.

Enfin, dans la maison portant l'ancien numéro 10 du quai de Chaillot, Georges Cadoudal avait pris ses dernières dispositions pour la conspiration qui eût écrasé dans l'œuf l'aigle impériale, en enlevant ou supprimant le premier consul Bonaparte.

Par son emplacement, le *Vieux Paris*, reconstitué pour l'Exposition, ne manque pas, on le voit, de souvenirs historiques intéressants, tragiques même quelquefois. Ce n'est pas tout encore : ce petit coin de la grande ville qui possède la nef symbolique dans son blason est tout simplement le berceau de la navigation à vapeur. C'est de ce creux de la rivière, au centre du *Vieux Paris*, que se sont élancées à la conquête des mers toutes les flottes à vapeur dont les panaches de fumée tourbillonnent au souffle de tous les vents, sur toutes les mers du globe. En 1804, Fulton, l'inventeur de l'étrange bateau qui prétendait marcher sans le secours des voiles ou de la rame, avait amarré en cet endroit du quai de Billy son bâtiment de forme insolite que les mariniers regardaient de travers en passant et dont ils tentèrent un jour de briser la machine.

Les travaux. — Après quelques mois d'études et les premiers plans généraux tracés commencèrent les travaux d'infrastucture, sous le contrôle de l'administration des Ponts et Chaussées. C'était la première fois qu'une entreprise privée était admise à jouer un rôle aussi important à côté des édifices officiels, dans l'effet général d'une Exposition. En compensation de sa magnifique situation au pont de l'Alma, à l'endroit où, de par les grands metteurs en scène de 1900, M. Picard et M. Bouvard, il vient compléter le grand aspect décoratif des rives de la Seine, le *Vieux Paris* avait à conquérir son sol; il avait à construire d'abord sur la Seine et la berge la plateforme destinée à recevoir les vraies constructions, tours, maisons, édifices divers.

CORBEAU GOTHIQUE (L'Homme armé)

Pendant des mois, les ouvriers ont eu à battre des files successives d'énormes pieux, une vraie forêt de pilotis entre lesquels clapotait le flot de la Seine.

C'était un tableau animé des plus pittoresques, ce coin de chantier du futur *Vieux Paris*, passé les portes en madriers tenant provisoirement la place des futures poternes d'entrée. Sous les verdures du quai, où tournoyaient et croassaient des bandes de corbeaux interloqués de tout ce remue-ménage, à certaines heures les fardiers apportaient les gigantesques troncs de sapin ou les moises d'acier destinées à relier les rangées de pilotis ; une forge fonctionnait entre deux arbres de la berge, des batelets circulaient parmi les files de pieux déjà plantés, des scaphandriers émergeaient de l'onde, occupés à parer à quelque difficulté rencontrée pour l'enfoncement des pilotis. Une haute sonnette, pareille à un engin des sièges d'autrefois, soulevait, haletante et sifflante, son mouton de 1,000 kilos pour le laisser retomber sur la tête d'un pieu autant de fois qu'il était nécessaire, c'est-à-dire jusqu'à cinq cents fois pour certains, plus récalcitrants, qui rencontraient par hasard un sol plus dur et ne s'enfonçaient pas de plus d'un millimètre à chaque coup.

Des chiffres maintenant qu'il est curieux de relever : il a été employé plus d'un millier de pieux, de longueurs variant entre 10 et 15 mètres et mesurant, en moyenne, 1^{m}05 de circonférence au milieu. Ces pieux,

ABOUT DE POUTRE

qui proviennent des sapinières de l'Orne et de l'Eure, sont enfoncés jusqu'à refus, c'est-à-dire de 5m50 à 5m90, traversant une couche d'eau de 1m70 à 5m40, selon l'inclinaison du lit de la Seine.

Mis en ligne droite, ils formeraient une longueur totale de 11 kilomètres. 160,000 kilos de moises en acier profilé ont été employés à relier les files de pieux horizontalement, en deux lignes parallèles au cours de l'eau, et deux perpendiculaires au mur du quai, tout le système étant fortement boulonné et complété par des contrefiches, de façon à donner une stabilité parfaite au plancher d'épais madriers posé sur les pilotis en rivière,

CORBEAU GOTHIQUE (Noble Dame)

et sur les lignes de pieux enfoncés sur la partie de berge.

Le sol du *Vieux Paris* se trouvant ainsi constitué, il se trouvait tout naturellement sous la plate-forme, dans ces étranges et mystérieux dessous au pittoresque enchevêtrement, tout l'espace nécessaire pour les caves et les divers services accessoires.

POUTRES SCULPTÉES

VISITE DU VIEUX PARIS

En arrivant au *Vieux Paris* par le pont de l'Alma, le visiteur se trouve devant le rempart et le bâtiment à tourelles de la porte Saint-Michel. On sait que l'enceinte actuelle de Paris est, depuis le temps de Lutèce, la septième en date ou même la huitième, car si l'on compte l'enceinte gauloise qui vit arriver les Romains, celle de la cité gallo-romaine serait la seconde muraille, à laquelle se heurtèrent les hordes normandes et que défendirent héroïquement l'évêque Gozlin et Eudes, comte de Paris.

Cette enceinte passa l'île et engloba des faubourgs sous les rois des deux premières races.

La troisième fut celle de Philippe-Auguste, qui montait au nord, un peu au-dessus de la rue de Rambuteau et enfermait au sud l'Université et l'abbaye de Sainte-Geneviève.

Mais Paris se développait considérablement au nord, et Charles V, en même temps qu'il modifiait le Louvre de Philippe-Auguste, entreprit sur la rive droite une quatrième muraille qui engloba le Louvre, gagna les boulevards actuels par une ligne suivant à peu près la rue d'Aboukir et poussa de là jusqu'au château de la Bastille, l'Arsenal et la Seine, où la tour Billy faisait vis-à-vis à l'abbaye de Saint-Victor, encore hors des murs sur l'autre rive. Sur la rive gauche, l'enceinte de Philippe-Auguste restait la même, sauf réparations et améliorations; le quartier de l'Université, serré entre les deux grandes abbayes de Sainte-Geneviève et de Saint-Germain-des-Prés, formait comme une ville à part, ville de violents contrastes, ville d'églises et de prières avec tous ses couvents, ville d'études avec ses cinquante collèges et ses écoliers divisés en nations, parlant toutes les langues, ville aussi de tavernes, de ribaudes, de tumultes fréquents, de désordres difficiles à réprimer, causes perpétuelles de conflits entre l'Université et les prévôts de Paris.

La porte Saint-Michel, qui sert d'entrée au *Vieux Paris*, côté du pont de l'Alma, était une des portes de l'enceinte rive gauche de Philippe-Auguste, refaites

ANGLE DU QUARTIER MOYEN AGE SUR LA SEINE

sous Charles V. Le boulevard Saint-Michel passe maintenant sur son emplacement, un peu au-dessous de la rue Soufflot. Alors on la trouvait au bout de la rue de la Harpe, une des plus bruyantes de ces rues universitaires, une de celles où les escholiers rencontraient le moins de collèges et le plus de tavernes. C'était l'aboutissant d'une traversée de Paris, de l'une des branches de la double *croisée de Paris*, ensemble de rues coupant directement et sans détours, avec de simples ondulations, l'agglomération parisienne, et formant les artères principales de la circulation, de l'est à l'ouest, parallèlement à la Seine, par la rue Saint-Antoine et la rue Saint-Honoré; du nord au sud, de la porte Saint-Martin à la porte Saint-Jacques, et de la porte Saint-Denis à la porte Saint-Michel, celle-ci par la grande rue Saint-Denis, le Châtelet, le pont aux Changeurs, le palais encore habité par les rois, la rue de la Barillerie, le pont Saint-Michel et la rue de la Harpe.

Sur la plupart des portes de cette enceinte, on n'a, par les anciens plans, que des données incertaines, souvent contradictoires, sans doute parce que ces portes furent souvent restaurées ou refaites. Les divers plans anciens que l'on possède en donnent assez sommairement la figure. Elles se composaient d'un gros pavillon flanqué de tours ou de tourelles avec, de

PORTE SAINT-MICHEL (Entrée amont du *Vieux Paris*)

l'autre côté du fossé, une barbacane maçonnée ou un boulevard de terre sans revêtement. Il y avait au XIVe siècle, sur la rive gauche, à partir de la Seine, les portes de Nesle, de Bucy, Saint-Germain près des Cordeliers, Saint-Michel, Saint-Jacques, Papale sous l'abbaye de Sainte-Geneviève, Saint-Marcel, Saint-Victor; puis, sur la rive droite, les portes Saint-Paul, Baudoyer dans la rue Saint-Antoine, Barbette devant la courtille Barbette, rue Vieille-du-Temple, presque à la hauteur de la rue des Francs-Bourgeois actuelle, de Braque dans la rue du Temple, Saint-Martin, Saint-Denis, Montorgueil ou Poissonnière, Montmartre, Coquillière et Saint-Honoré, près du Louvre. Quand Paris s'agrandit sous Charles V, les portes Montmartre, Saint-Denis, Saint-Martin et autres furent reportées plus avant.

L'enceinte se composait d'abord d'une courtine flanquée de tours demi-circulaires sur la rive gauche et très rapprochées, et sur la rive droite de tours carrées plus espacées, avec deux forts châteaux à l'ouest et à l'est, le Louvre et la Bastille.

Cette muraille de Charles V servit au temps des Armagnacs et des Bourguignons, dans les longues luttes entres les partis qui se déchiraient la France; elle ne préserva point ensuite Paris de l'occupation anglaise et, bien au contraire, servit puissamment aux

SUR LES TOITS DE LA PORTE SAINT-MICHEL

Anglais lorsque Jeanne d'Arc, après Orléans et Reims, essaya d'enlever Paris et vint échouer à l'attaque de la porte Saint-Honoré.

Sous François Ier, après Pavie et pendant la Ligue, on travailla beaucoup aux murailles de Paris; on répara et surtout l'on éleva des bastions ou grands boulevards de terre aux endroits mal défendus, lesquels bastions d'ailleurs ont laissé des traces visibles encore aujourd'hui, malgré tant de bouleversements et de travaux, dans les mouvements de terrain de la ligne des grands boulevards actuels.

La porte Saint-Michel, reproduite pour servir d'entrée au *Vieux Paris*, s'appuie à un rempart en partie couvert de bâtiments. Ce rempart est plutôt un débris de fortifications, un reste d'enceinte désaffectée, comme cela s'est produit aux diverses enceintes successivement débordées par la croissance continuelle de Paris, morceaux de courtines auxquelles des maisons s'accrochaient, gros murs utilisés comme appuis par de hautes constructions d'hôtels ou de couvents, tours entières encastrées dans les bâtisses bourgeoises. Tous les grands travaux entrepris dans ce siècle ont permis de retrouver des fragments utilisés, — comme la maison moulée autour d'une tour près du couvent de l'Ave-Maria, comme la muraille encore visible de la rue Clovis, derrière Sainte-Geneviève,

SALLE DE LA TAVERNE DU PRÉ-AUX-CLERCS

comme la tour retrouvée à la direction centrale du Mont-de-Piété, comme la tour de la rue Guénégaud, noyée dans une maison et occupée par un charbonnier, ou celle du passage du Commerce, contre laquelle s'applique un atelier de serrurier, etc., etc.

On ne pouvait songer à garder trop complètement son aspect militaire à la porte Saint-Michel, cela n'eût permis que des ouvertures étroites ou de simples meurtrières. On a donc supposé cette porte Saint-Michel décorée pour une entrée princière ou royale, celle de la reine Anne de Bretagne, par exemple, aux premières années du XVIe siècle, un jour de grande liesse parisienne, ce qui a motivé une décoration joyeuse, permis de faire miroiter au soleil les émaux des écussons et d'établir des galeries et des « eschaffauds », des tribunes du haut desquelles les musiques auraient à sonner en l'honneur de la chevauchée royale annoncée, cependant que sous la porte apprêteraient leurs harangues messieurs les échevins et le prévôt des marchands.

Tous les chroniqueurs et historiens de ces temps, depuis l'anonyme Bourgeois de Paris, Christine de Pisan, Monstrelet ou Philippe de Commines, l'ancien seigneur de Chaillot où nous sommes, sont remplis de ces entrées de rois et de princes, entrées solennelles des rois après le sacre et la cérémonie à Saint-

Denis, réceptions de reines de France après le

PLACE DU PRÉ-AUX-CLERCS

mariage, entrées joyeuses après les guerres, cortèges d'apparat, visites princières, ambassades, etc...

Nous n'avons, à notre époque de fêtes banales, aucune idée des magnificences déployées par le moyen âge en ces circonstances, du spectacle extraordinaire de ces longues marches triomphales à travers la ville, égayées par toutes sortes de divertissements et d'intermèdes où la grande ville s'ingéniait de toutes façons, la noblesse, le clergé, les moines, les gros bourgeois donnant de leurs personnes, les corporations si puissantes et si prospères, les quartiers cherchant à l'envi à se distinguer. Le menu peuple s'esbaudissait, et comme chacun y allait tout naïvement bon jeu et bon argent, personne, malgré le penchant bien connu des Parisiens à la raillerie, ne songeait à se moquer si quelque chose du programme venait à clocher.

Toutes les places, tous les carrefours, tous les parvis d'églises, tous les endroits où pouvaient un instant stationner un cortège recevaient des décorations particulières, en quelque sorte comme aux reposoirs des processions de la Fête-Dieu, et servaient de théâtre à des divertissements. On y élevait des machineries à surprises, des échafauds pour représentations de mystères ou d'allégories, des tréteaux pour jongleurs et jongleresses, des lices pour combats simulés, sous les yeux des spectateurs serrés à toutes les fenêtres, perchés sur toutes les saillies des

ESCALIER DE LA TAVERNE DU PRÉ-AUX-CLERCS

maisons enguirlandées, pavoisées de la base au faîte, décorées de tapisseries plus ou moins riches, sous un ciel de draperies ou de soies ; on dressait partout des tables bien garnies pour rafraîchir le cortège, tandis que, pour le populaire, les fontaines garnies de personnages allégoriques vivants coulaient, au lieu d'eau, du vin ou de l'hypocras.

La tour ronde du *Vieux Paris*, formant l'angle sur la Seine, est décorée d'une de ces bretèches provisoires où s'entassaient les spectateurs pour les occasions joyeuses. Au-dessus se trouve une terrasse sur laquelle les musiques du *Vieux Paris* viendront en certaines circonstances, visites de personnages notables ou solennités, exécuter de vieux airs de bienvenue, de même qu'elles annonceront de là-haut l'ouverture de l'enceinte le matin et, lorsque tintera le couvre-feu aux clochers, sonneront la retraite pour les visiteurs du soir.

Une sentinelle en casaque de buffle, la bourguignotte en tête et la vouge sur l'épaule, se promène de long en large devant l'arcade d'entrée ; d'autres soudards, à peu près semblables d'équipement, s'entrevoient dans le poste de garde. A l'écusson aux armes de la Ville de Paris on reconnaît des hommes de la compagnie du guet chargée de la police de la ville et de celle du *Vieux Paris*, une section des six-vingts soldats de M. le chevalier du guet suffisant alors, plutôt mal que bien, à assurer la tranquillité diurne et nocturne des rues, places et carrefours, à réprimer les frasques de MM. les escholiers, à maintenir truands, malandrins et tire-laine

SALLE DE LA TAVERNE DU PRÉ-AUX-CLERCS

dans les bons sentiers, — ainsi qu'à les mener accrocher, s'ils en sortent, au pilori que nous allons rencontrer plus loin.

Le rempart de la rive gauche, aux abords de la porte Saint-Michel, subit une violente attaque des troupes d'Henri IV un matin de septembre 1589.

Après la bataille d'Arques, Henri IV, ayant marché rapidement sur Paris, tenta d'enlever par surprise la ville ligueuse; ses troupes, emportant les postes des faubourgs déjà très importants, assaillirent vivement le rempart. A gauche, le brave La Noue avec ses reîtres et chevau-légers, tentait de passer par la Seine sous la tour de Nesle à la faveur du brouillard, tandis qu'à droite on essayait une échellade au rempart Saint-Jacques, au grand bâtiment carré formant saillant sous le couvent des Jacobins et qui avait jadis servi de parloir aux bourgeois avant l'érection en maison de ville de la Maison aux piliers sur la Grève. Les Jacobins défendirent leur rempart et renversèrent les échelles; moines, bourgeois et écoliers, accourus aux premières arquebusades, firent tête partout aux troupes royales. Pendant ce temps, Henri IV, ayant pénétré dans l'abbaye de Saint-Germain-des-Prés, avait gagné le clocher de l'église et contemplait d'en haut la ville si furieusement montée contre lui par les passions de la Ligue.

Au-dessous de lui on s'égorgeait dans les petites rues du faubourg autour de la foire Saint-Germain, où Sully raconte qu'il y eut en un instant plus de quatre cents cadavres entassés. Mais, bien que Sully et quelques-uns eussent presque enlevé la porte de Nesle, force fut aux troupes royales de reculer et

PLACE DU PRÉ-AUX-CLERCS
(Revers de la Chartreuse du Luxembourg)

de se contenter de refaire un peu leurs finances en pillant les faubourgs.

Place du Pré-aux-Clercs. — Après avoir passé sous la voûte de la porte Saint-Michel, le visiteur se trouve sur une première place dite du Pré-aux-Clercs, encadrée par le pignon de la Maison aux piliers et la haute tour du Louvre.

Deux voies s'embranchent à l'angle de la Maison aux piliers : en face, *la rue des Vieilles-Ecoles*, bordée par les maisons historiques, et à droite *la rue des Remparts*, que l'on entrevoit filant sous la verdure d'une ligne de grands arbres.

Sur la place du Pré-aux-Clercs, le revers de la porte Saint-Michel a reçu pour revêtement la face intérieure du portail d'entrée de la Chartreuse du Luxembourg, car Paris a eu ses Chartreux, appelés par saint Louis, qui s'étaient créé une Thébaïde hors la porte Saint-Michel, au pied de la montagne Sainte-Geneviève, sur les terrains destinés à former plus tard le jardin du Luxembourg, du grand bassin à l'Observatoire.

Dans ces parages mal fréquentés, presque déserts, subsistaient alors les ruines d'un château de plaisance du roi Robert, le manoir de Vauvert. Ces ruines étaient devenues un refuge de malandrins et de coupeurs de bourses, lesquels, pour chasser tout visiteur

UN COIN DE LA RUE DES REMPARTS

indiscret, leur avaient fait une réputation de lieu terrible, hanté par des gnomes et gobelins malfaisants. On racontait mille horreurs de ce vilain endroit, repaire d'un magicien cornu, à pieds fourchus, au corps enveloppé dans une immense barbe verte, vivant entouré de démons aussi hideux que lui.

Il fallait du courage pour aller au « grand diable Vauvert » ; les Chartreux n'en manquaient pas sans doute, car ils occupèrent la ruine hantée et la purifièrent. Le diable vert, seigneur châtelain de Vauvert, se laissa expulser. Saint-Louis fit construire une grande église par son architecte, Eudes de Montreuil ; les Chartreux édifièrent sur les quatre côtés d'un immense carré une série de petites maisonnettes où ils vécurent solitaires, chacun reclus dans sa cellule, cultivant son petit jardin et ne rencontrant ses frères qu'aux offices et le dimanche au grand réfectoire.

Le portail d'entrée de la Chartreuse, datant du XVe siècle, se divisait en cinq arcades ; l'arcade centrale, plus élevée, était semée des fleurs de lys de France sur fond d'azur et encadrait une statue de la Vierge. Restée en dehors du jardin de Marie de Médicis, en pleine campagne, mais peu à peu entourée de faubourgs grandissants, la Chartreuse ne tomba qu'à la Révolution ; ses bâtiments disparurent, remplacés par les ombrages des jardins, et sur le cimetière de ces moines passe aujourd'hui la rue portant le nom du positiviste Auguste Comte.

PLACE DU PRÉ-AUX-CLERCS

La tour du Louvre. — La place du Pré-aux-Clercs est dominée par une des tours du Louvre qui porte à une quarantaine de mètres dans les airs son épi à girouettes.

C'est le type des hautes tours parisiennes, sveltes, élancées, avec leur tourelle d'escalier montant à côté, terminées par un comble aigu en poivrière, ou par une simple plate-forme crénelée. Toutes bâties sur le même modèle par Philippe-Auguste ou par Charles V, telles étaient pour le Louvre les tours d'angle du château proprement dit, la tour de la Librairie, où Charles V avait sa bibliothèque de plusieurs centaines de volumes, la tour de la Taillerie, la tour de la Chapelle et celle qui lui faisait pendant au sud-est ; telles étaient surtout la tour du Bois, à l'extrémité de la muraille qui engloba le Louvre tombé au pouvoir de la commune parisienne, rempart auquel Etienne Marcel fit travailler à force d'ouvriers ; les tours du Coin, encore au Louvre, et de Nesle en face, sur la rive gauche de la Seine, reliées ensemble, la nuit venue, par une forte chaîne tendue en travers de la rivière. A l'autre extrémité de Paris, vers l'arsenal et l'hôtel Saint-Paul, habité par les rois pendant la période d'abandon du Louvre, se voyaient encore deux autres tours semblables : la tour Barbeau, qui terminait l'enceinte de Philippe-Auguste et se reliait par une chaîne à l'île Notre-Dame, maintenant Saint-Louis, et à la Tournelle de la rive gauche, et la tour Billy, qui forma l'angle de l'enceinte élargie de Charles V.

Les fenêtres percées dans la tour du Louvre du *Vieux Paris* sont celles du magnifique escalier appliqué en

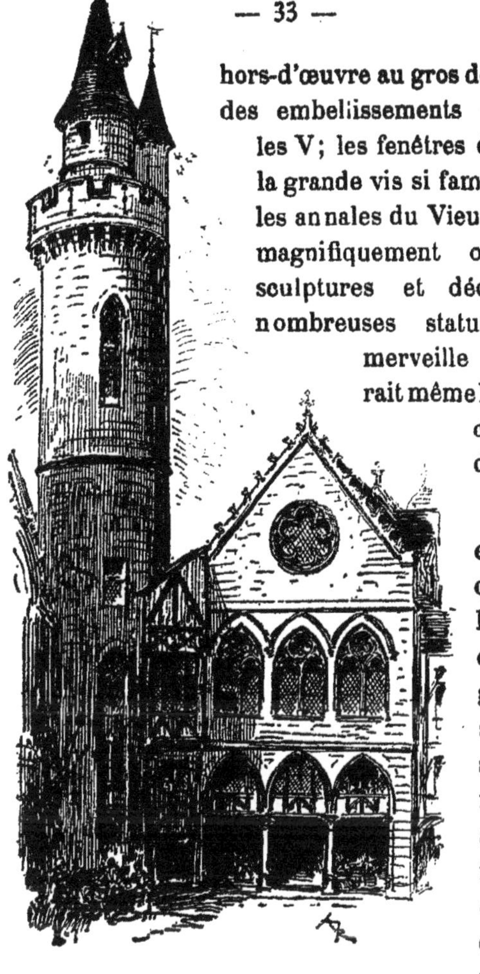

TOUR DU LOUVRE ET MAISON AUX PILIERS

hors-d'œuvre au gros donjon lors des embellissements de Charles V; les fenêtres éclairaient la grande vis si fameuse dans les annales du Vieux Louvre, magnifiquement ourlée de sculptures et décorée de nombreuses statues, vraie merveille qu'admirait même le XVIIe siècle, qui la détruisit.

Notons en passant que, pour les marches de cette grande vis si luxueusement ornée, on avait sans façon pris de vieilles dalles funéraires du cimetière des Innocents. Ces tours du Louvre commencèrent à tomber lors de la reconstruction, à la Renaissance; seule, la partie qui faisait face à l'hôtel de Bourbon et à Saint-Germain-l'Auxerrois demeura jusque sous Louis XIII avec ses tours d'angle et sa porte devant laquelle fut occis le maréchal d'Ancre. La tour du Coin avait été rasée la première, mais son soubassement subsistait encore sous Louis XIV, en face de la vieille et légendaire tour de Nesle, restée la dernière, légèrement ruinée à son sommet, comme on la voit dans les eaux-fortes de Callot et d'Israël Silvestre, pittoresque souvenir du Paris moyen âge debout devant le Paris en voie de transformation du grand roi.

La Maison aux piliers. — Juste en face de ce souvenir du Louvre des rois se dresse un fragment du Louvre bourgeois et populaire, du premier Hôtel de Ville de Paris, la *Maison aux piliers*, édifice parisien par excellence, antique berceau des franchises municipales, maison de la hanse des marchands de l'eau, le premier de la lignée des Hôtels de Ville qui se succédèrent à travers assauts et tempêtes, combats et incendies, sur la vieille place de Grève.

La hanse des marchands de l'eau, succédant aux nautes parisiens, qui dès l'époque gallo-romaine avaient fortement organisé le commerce par la voie fluviale, alors la voie de communication la plus commode, était la plus puissante corporation de la ville, celle pour ainsi dire de laquelle dépendaient toutes les autres corporations, et pour cette cause jouissant de monopoles divers et de privilèges nombreu

ABÉLARD ET HÉLOISE

Elle était en rapport d'affaires et se ramifiait, pour ainsi dire, avec toutes les grandes cités de commerce du moyen âge, les hanses de marchands des pays du Nord et de l'Est, les villes hanséatiques si fameuses. Ainsi dans la cité parisienne le prévôt des marchands, chef de la corporation et peu à peu de la municipalité parisienne, eut en mains un pouvoir considérable, se dressa en face de la royauté et entama violemment la lutte avec elle, au temps d'Etienne Marcel, aux heures tragiques de la Commune de 1358.

Ce fut Etienne Marcel, en 1357, qui logea la municipalité sur la place de Grève où elle est encore actuellement. Il acheta pour la ville une grande maison appelée *Maison aux Dauphins* parce que, acquise au XIIIe siècle par Philippe-Auguste, elle avait été donnée plus tard à Guy, dauphin de Viennois, et aussi *Maison aux piliers* parce que sa façade reposait sur une suite de gros piliers, comme un certain nombre de façades de la place.

La *Maison aux piliers*, telle qu'on la voit dans une miniature représentant Juvénal des Ursins à genoux devant une procession, se composait de trois pignons semblables à celui reproduit ici, appuyés à l'hôpital du Saint-Esprit, hospice destiné à recueillir les orphelins fondé en 1316, devant l'église de Saint-Jean-en-Grève.

L'antique *Maison aux piliers*, du haut de laquelle le prévôt Marcel harangua les Parisiens après le meurtre des maréchaux de Champagne et de Normandie au palais, et qui vit successivement se heurter et se massacrer les Maillotins, les Cabochiens, les Armagnacs et les Bourguignons, disparut au XVIe siècle pour faire place au grand Hôtel de Ville de la Renaissance, destiné à voir, lui aussi, tant d'évé-

ADAM

nements, tant de drames, tant de séditions, tant de révolutions, tout le déroulement tragique de l'histoire parisienne, jusqu'à l'incendie dans lequel tout l'édifice sombra, pour renaître ensuite plus considérable et plus brillant.

Il y a dans ces bâtiments des salles de grandeur et de décorations diverses, sur trois étages, au dessus du rez-de-chaussée, parmi lesquelles deux grandes salles au deuxième étage.

La grande salle au-dessus de la porte Saint-Michel, avec sa voûte de bois, sa charpente décorée et la grande bretèche sur la tour d'angle, s'éclaire en outre aux deux tiers de sa hauteur sur une terrasse dominant toute la partie amont de la Seine, c'est-à-dire tout le magnifique décor de l'Exposition, depuis le palais des Congrès au pont de l'Alma, les constructions du Cours-la-Reine, jusqu'à la Porte triomphale sur la rive gauche, tout le développement

EVE

si extraordinairement découpé des pavillons étrangers, et par-dessus ces splendeurs destinées malheureusement à disparaître avec l'Exposition, Paris et ses monuments jusqu'au Louvre, la vieille Cité, Notre-Dame, le Palais, jusqu'aux églises lointaines.

Cette merveilleuse terrasse a son pendant à l'autre extrémité du *Vieux Paris*, avec des vues aussi étendues vers la sortie de la Seine et la campagne.

La rue des Vieilles-Ecoles. — Sous le pignon de la Maison aux piliers débouche, éclairée par une large coupure sur la Seine, la rue des Vieilles-Ecoles alignant une suite de façades à pignons, avec ses logis divers, ses boutiques de marchands, son commerce, ses enseignes, sa vie particulière. On a réuni là un certain nombre de types de maisons parisiennes à façades de pierre ou de cette charpenterie pittoresque et décorative d'autrefois.

Les documents sur les logis parisiens célèbres antérieurs au XVIe siècle n'abondent pas, nous avons très peu de renseignements ou de dessins sur les hôtels et habitations des personnages connus des siècles qui ont précédé la Renaissance. Quelques logis très rares ont pu durer entiers jusqu'à notre époque ou laisser des fragments retrouvés, assez maltraités, dans les blocs de bâtisses postérieures, pour être

LA RUE DES VIEILLES ÉCOLES

emportés ensuite dans le grand mouvement de transformation de la cité parisienne.

Aux temps très lointains où Paris, sorti de l'île-berceau, gravissait les pentes de la montagne Sainte-Geneviève au sud, et par des faubourgs maintes fois brûlés et saccagés commençait à se répandre dans la plaine souvent marécageuse de la rive droite, les logis bourgeois et populaires étaient formés surtout de maisons légères et peu élevées, presque toujours en pans de bois, s'alignant en longues rues étroites et boueuses, serrées autour des grandes constructions des abbayes, sous la protection des vieux remparts restaurés et refaits tant de fois. Quand vint la splendide efflorescence architecturale du XIIIe siècle, alors qu'en la cité de Paris surgissaient de toutes parts églises et chapelles dans le grand style ogival, et que s'élevaient la cathédrale Notre-Dame, splendide nef de pierres, à la poupe du vaisseau de Lutèce, et le palais des rois à la proue, avec sa grande salle, ses tours et sa merveilleuse Sainte-Chapelle, la ville se couvrit d'hôtels princiers, de logis nobles ou bourgeois serrés forcément à cause des nécessités de la défense commune, mais souvent remarquables comme architecture. De la masse des bâtisses populaires en pans de bois assez simples en général, se distinguaient pourtant beaucoup de façades auxquelles leurs constructeurs avaient tenu à donner quelques agréments : pignons de toutes formes en charpente formant un grand arc ogival, avec trilobes décoratifs ou poinçons sculptés, encadrements de fenêtres sculptés, poteaux corniers, abouts de poutres ou de solives terminés en figures grotesques, *ymaiges* de pierre ou de bois accrochées partout, figures de saints, scènes de fabliaux enseignes, etc.

TOUR D'ANGLE
RUE DES VIEILLES-ÉCOLES

Et tout cela était peint généralement de couleurs très vives ; le moyen âge aimait la couleur, tous les documents écrits ou enluminés concordent pour affirmer l'aspect gai des villes en cette grande époque si longtemps méconnue du XIIIe au XVIe siècle, aspect mouvementé accidenté par mille saillies dans les façades, mille pointes sur les toits, et agrémenté par la polychromie des bois et des sculptures.

De ce que notre temps n'a connu ces rues d'autrefois que vieillies et maltraitées par les hommes, ces maisons délabrées, décrépites tombées en mal de misère, il a calomnié les villes et la vie d'autrefois et l'art national. En ce qui touche la Cité, notre temps n'a vu que ruelles étroites et sales, bâtiments lépreux, un ensemble devenu assez misérable ; mais il est incontestable qu'elle avait eu son temps de splendeur et des rues propres, avec nombre de remarquables logis encadrant des beautés artistiques de premier ordre.

Maison natale de Molière. — Le premier de ces logis de Parisiens célèbres que l'on rencontre à droite, en entrant dans la rue des Vieilles-Ecoles, reproduit la maison natale de Molière, la vraie, non celle de la rue de la Tonnellerie, près des Halles, où Molière vécut jeune homme quand Maître Poquelin son père, voyant ses affaires prospérer, y eut transporté sa boutique de tapissier, mais celle de la rue des Etuves-Saint-Honoré, aujourd'hui Sauval, où pour commencer Maître Poquelin s'était établi, à l'enseigne du Pavillon-des-Singes. Molière a longtemps eu ainsi

MAISON NATALE DE MOLIÈRE (Pavillon des Singes).

deux maisons natales, comme il eut deux maisons mortuaires; mais les recherches des érudits modernes, Ed. Fournier, Aug. Vitu, Monval, ont fixé définitivement les deux points. En ce qui concerne le lieu de naissance, c'est bien de cette maison de la rue des Etuves qu'un jour de 1622 le petit Poquelin, le futur Molière, sortit entre les bras de sa marraine pour aller recevoir le baptême à l'église prochaine, Saint-Honoré ou à Saint-Eustache.

POTEAU CORNIER DE LA MAISON DE MOLIÈRE

Un des motifs de décoration favoris du moyen âge pour les maisons formant coin, c'était, sur le poteau d'angle, un arbre de Jessé figurant la généalogie de la Vierge, avec un certain nombre de statuettes de patriarches étagées, tel celui qui vient de disparaître au coin des rues Saint-Denis et des Prêcheurs.

Le poteau cornier de cette maison du sieur Poquelin,

LA TRUIE QUI FILE

L'ANE QUI VIELLE

LA CHÈVRE QUI HARPE

sculpté à partir du premier étage jusqu'au grenier, n'était pas un arbre de Jessé, mais un tronc d'arbre quelconque dont le feuillage épanoui en haut formait chapiteau, et auquel grimpaient, en des postûres et avec des grimaces diverses, une dizaine de singes cueillant des pommes ou des oranges qu'au bas de l'arbre un autre singe croquait. La rue des Etuves aboutissait en ce temps aux jardins de la reine Catherine de Médicis à l'hôtel de Soissons, sur l'emplacement duquel s'élève aujourd'hui la Bourse du Commerce.

C'était devant cette maison, au carrefour de la rue des Étuves, qu'à la journée des Barricades de la Fronde le président Molé, à la tête du Parlement, cent soixante conseillers en robe, revenant du palais royal après avoir essayé de négocier avec la reine Anne d'Autriche, faillit être écharpé par les furieux qui l'acculaient, la pertuisane à la gorge, sur les pavés des barricades.

Cette maison d'où le grand auteur comique venait alors à peine de s'échapper pour son *Roman comique* à travers les provinces, ce n'était point la première sédition qu'elle voyait depuis le XVe siècle; cè ne devait pas être la dernière, car elle vécut jusque sous l'Empire. Le poteau cornier, dont quelques rares artistes seuls appréciaient alors la valeur, fut envoyé

MAISON DE NICOLAS FLAMEL

au Musée des monuments français, où Alexandre Lenoir recueillait toutes les épaves de notre art national dispersées dans la grande tempête révolutionnaire; mais à la suppression du musée, il ne se retrouva plus, ayant sans doute été débité en bois à brûler par les employés.

Maison de Nicolas Flamel. — La maison d'à côté est encore une maison de Parisien célèbre, celle-ci existe encore rue de Montmorency, 45, mais totalement défigurée; elle est ici restituée d'après un dessin du siècle dernier; son propriétaire, le célèbre enlumineur Nicolas Flamel, la reconnaîtrait.

Au XVe siècle, parmi les gens à rudes métiers, bouchers, tripiers, écorcheurs, corroyeurs, groupés sous le Châtelet autour de l'église Saint-Jacques-la-Boucherie, parmi ces tueurs et écorcheurs de bœufs qui, dans les luttes entre Armagnacs et Bourguignons, tinrent Paris épouvanté sous le couteau de leur chef Caboche, il se trouve des travailleurs paisibles et doux voués à des besognes bien différentes de celles de leurs farouches voisins.

Sur le côté Nord de l'église file une ruelle dite des Ecrivains, enlevée seulement par le percement de la rue de Rivoli; là, entre les contreforts, s'appuyent de petites échoppes pour les bons calligraphes et enlumineurs qui, de leur plume patiente et habile, calligraphient des missels et les décorent de grandes lettres ornées, peintes et dorées, de belles miniatures représentant les personnages des scènes de l'Ecriture ou de la légende des saints en costumes de seigneurs et de nobles dames de leur temps.

L'un de ces écrivains a pour clientèle les plus riches bourgeois, les princes, le roi lui-même, qui lui

ABOUTS DE POUTRE

a fait exécuter une superbe Bible. Il s'appelle maître Nicolas Flamel; c'est un homme de haut talent et de grande réputation, époux de dame Pernelle, bonne et sage bourgeoise. Son échoppe, aux vitrages de laquelle on peut voir exposées quelques pages brillamment miniaturées, est une des premières en entrant à main droite dans la ruelle des Ecrivains, sous l'enseigne de la *Fleur de Lys*. La maison qu'il habite est en face de l'échoppe, à l'angle de la rue Malivault.

Maître Flamel a pignon sur rue, et même pignons sur plusieurs rues, car on lui connaît rue de Montmorency une grande maison dite la *maison du grand pignon*, qu'il a fait bâtir de ses économies, maison de rapport, comme on dit maintenant, dans laquelle il a réservé en haut quelques logements donnés pour rien ou loués à bas prix à de pauvres artisans, ainsi qu'en témoigne l'inscription gravée sur la poutre au-dessus des boutiques, sous un grand bas-relief représentant au milieu Dieu le Père avec son fils en croix, et sur le côté parmi des anges, Nicolas Flamel et dame Pernelle agenouillés :

« Nous homes et femes laboureurs damourant au porche de cette maison qui fust batie en l'an de grace mil quatre cens et sept. somes tenus chascun en droit soy dire tous les iours une patenotre et 1 Ave Maria en priant Dieu q. sa grace pardo. aux poures pescheurs trespassez. Amen. »

Le riche Nicolas Flamel a consacré une forte somme à doter l'église Saint-Jacques d'un petit portail sculpté dans le tympan duquel le sculpteur l'a représenté aussi agenouillé avec sa femme aux pieds de la Vierge Marie...

Notable paroissien et bienfaiteur de l'église, il y eut sa dalle tumulaire représentant son cadavre étendu avec cette inscription :

De terre suis venus et en terre retorne
L'âme rens à toi IHS qui les péchés pardonne.

Flamel fut de son vivant une figure populaire ; il était considéré comme un alchimiste à cause de sa

BAS-RELIEF DE LA MAISON DE FLAMEL

science et aussi de sa fortune, que les bonnes gens du quartier grossissaient outre mesure, et il devint après sa mort bien vite légendaire. Pour expliquer ses bonnes œuvres et toutes ses largesses aux églises et aux hôpitaux, on racontait qu'il avait par magie obtenu du diable le secret de la pierre philosophale, sans songer que le diable se fut montré bien niais de favoriser un si fervent chrétien.

On ajoutait que Satanas lui avait vendu un autre secret, celui de la longue vie, et que cette tombe devant laquelle on passait chaque dimanche en se signant ne renfermait aucune dépouille humaine, maître Flamel et dame Pernelle devant continuer dans les siècles leur alchimie quelque part, aux pays d'Orient. La légende traversa les âges. Et longtemps il fut tenu pour certain que la maison de la rue des Ecrivains gardait quelque part, en une cachette bien dissimulée, une partie des trésors amassés par l'alchimiste. Plusieurs fois on fit des fouilles dans ce logis que Flamel avait légué à la paroisse. Au siècle dernier encore, un particulier, se disant en quête de bonnes œuvres à accomplir, offrit de réparer à ses frais la maison affaissée par l'âge; la paroisse ayant accepté, le bienfaisant inconnu s'installa avec ses maçons, fouilla, creusa, démolit, puis, ne trouvant aucun trésor, disparut sans payer personne.

ANGE DU BAS-RELIEF FLAMEL

Quant à la maison de rapport du propriétaire philan-

MAISON DE ROBERT ESTIENNE, TOUR DU COLLÈGE FORTET
ET MAISON DE THÉOPHRASTE RENAUDOT

thrope, léguée par lui à l'église Saint-Jacques, elle était encore à peu près intacte, avec son grand bas-relief, au milieu du siècle dernier; c'est alors qu'elle a été défigurée, banalisée et rendue presque méconnaissable sans la poutre à l'inscription, demeurée seule à peu près visible.

Maison de Théophraste Renaudot, fondateur de la « Gazette ». — A côté de la maison du digne *Nicolas Flamel*, qui représente l'art du calligraphe rubriqueur et du miniaturiste du moyen âge à son moment le plus brillant, deux autres maisons nous montrent, d'abord l'art nouveau de la typographie se préparant à lancer par le monde ses beaux livres à figures sur bois du XVIe siècle, puis la Presse à sa naissance le journal, l'énorme puissance des temps modernes, dans le berceau de ses premiers vagissements.

Ces deux logis voisins du bon enlumineur, rapprochement intéressant, font revivre le souvenir de *Robert Estienne*, de la dynastie des Estienne, les célèbres imprimeurs et éditeurs, à *l'Olivier*, et de *Théophraste Renaudot*, au *Grand Coq*.

La première de ces maisons est celle de Renaudot, qui était située dans la Cité, rue de la Calande ou Calandre, une rue célèbre qui allait de la porte du Palais, rue de la Barillerie, donnant sur la cour de la

Sainte-Chapelle, à la rue de la Juiverie, quartier de gens de robe, procureurs ou notaires, et aussi de cabarets.

L'ENFER

Le journal, pouvoir des temps modernes, est né là; la presse manipulatrice et distributrice de la pensée, puissance qui monte, eut ici son berceau dans l'île de la Cité, juste sous cet édifice où le pouvoir royal et le pouvoir législatif sont nés, le palais habité par les rois des premières races avant d'être le palais du Parlement.

En cette maison du xve siècle, à l'enseigne du *Grand Coq*, un jour de 1631, parut le premier numéro de la *Gazette*, humble carré de papier du format d'une de nos petites brochures, donnant les nouvelles politiques de France et de l'étranger, signalant les événements du jour et les commentant de courtes réflexions.

Commencements bien humbles. Le fondateur était

Théophraste Renaudot, né à Loudun, protégé du cardinal de Richelieu, médecin, homme à idées, créateur en cette même maison du Grand Coq du bureau d'adresses et de rencontres pour les ventes, locations, échanges, demandes ou offres quelconques, fonctionnant depuis 1612, et amenant peu à peu, après l'avis manuscrit, la fondation d'une feuille imprimée, les *Petites Affiches.*

Tout en publiant sa *Gazette* et en s'occupant de son bureau d'adresses, Renaudot continuait l'exercice de la médecine et ouvrait, toujours dans la maison du Grand Coq, une salle de consultations gratuites pour malades où les clients affluaient, soignés par le gazetier et par des médecins associés de Renaudot, lesquels malades étaient souvent fournis des médicaments nécessaires, aussi gratuitement.

Cette innovation lui suscita une formidable armée d'ennemis, la Faculté brandit ses foudres; mais Renaudot tint courageusement tête à toutes les attaques et fit durer sa création jusqu'à ce que la Faculté elle-même se décidât à la reprendre à son compte.

Quant à la vieille *Gazette* devenue la *Gazette de France*, elle vit toujours, et du petit œuf couvé dans la maison du Grand Coq on sait quelle innombrable couvée est sortie. Le vénérable logis où la Presse a pris naissance a depuis longtemps disparu ; il tombait obscurément bien avant les démolitions de la Cité; une caserne de pompiers recouvre sa place.

Depuis quelques années, Théophraste Renaudot a sa statue sur le marché aux fleurs, à peu de distance de l'endroit où cet homme de chétive mine, ce lutteur obstiné, s'acharna à ses œuvres diverses malgré détracteurs et envieux, et finit par triompher beaucoup plus qu'il ne l'avait rêvé.

SAINT-LAURENT

Tour du collège Fortet. — Entre les deux pignons rapprochés de Renaudot et d'Estienne s'élève une tour aux angles abattus qui porte tout en haut un pavillon carré en pans de bois.

C'est la reproduction d'un morceau d'édifice parisien qui va disparaître prochainement, si la pioche n'a pas déjà commencé son œuvre de vandalisme. Et pourtant des souvenirs historiques importants se rattachant à l'édifice auraient dû le préserver, outre que c'est un des derniers survivants des vénérables collèges de l'antique Université. Il s'agit ici de la tour d'escalier du *Collège Fortet*, situé tout en haut de la montagne Sainte-Geneviève, auprès du Panthéon, dans la rue des Sept-Voies, aujourd'hui rue Valette.

Ces vieux collèges de l'Université, au nombre de quarante ou cinquante, les uns très importants et célèbres, comme les collèges de Sorbonne, Navarre, Clermont, Montaigu, Saint-Barbe, etc., les autres tout petits, humbles fondations à peine assez grandes pour abriter un régent et quelques boursiers, se rencontraient à chaque pas sur la pente de la vieille montagne des études.

L'ensemble de l'Université, collèges, maîtres et élèves, constituait sur les pentes de Sainte-Geneviève une nation particulière dans une ville à part, ayant sa langue particulière aussi, puisqu'on ne parlait aux écoles que le latin.

Bien vite, avec la renaissance des études, avec des maîtres dont les noms célèbres portaient au loin la gloire de l'Université parisienne, ces écoles prirent une importance et une extension considérables.

Les bandes d'étudiants accourus de tous les coins de l'Europe se répartissaient primitivement en quatre nations; mais devant leur foule de plus en plus nombreuse chaque année, on fut obligé de créer de nouvelles subdivisions. Remplis d'une belle

ABOUT DE SOLIVE

ardeur, ils venaient s'abreuver à la fontaine de science, décidés à gravir un à un les échelons conduisant à la maîtrise et à la fortune, sans se laisser rebuter par rien, obscurités de la scholastique ou difficultés de la vie matérielle — décidés à mettre tout le temps nécessaire à passer des années et des années sous la chaire des professeurs, mais à ne point se retirer sans la possession du *Trivium* et du *Quadrivium*, les sept arts libéraux enseignés par les maîtres, c'est-à-dire les trois premiers degrés ou *Trivium* : grammaire, rhétorique et dialectique, base de l'enseignement, et les degrés supérieurs ou *Quadrivium*: arithmétique, musique, géométrie, astronomie.

Nombreux sont les privilèges de l'Université, les immunités particulières des escholiers. Le moyen âge, cette époque que l'on veut toujours faire si rude et si grossière, aime la science, et la clergie confère aux plus humbles clercs, outre le respect et la considération, une foule d'avantages sérieux. Aussi voit-on arriver dans cette ville de la science, pour prendre leurs degrés aux écoles de Paris et obtenir par les lettres d'enviables situations

ABOUT DE POUTRE

sociales, charges séculières ou bénéfices ecclésiastiques, des escholiers de toutes conditions, des cadets de maison noble, des fils de bonne famille bourgeoise, dédaigneux de l'épée ou du négoce, des jeunes gens de petite extraction pourvus d'une bourse en quelque maison, aussi bien que des étudiants dépourvus de la plus mince ressource, venus en mendiant sur les routes, logés ensuite à Paris dans quelque galetas de collège, mais obligés, ou à peu près, de quêter leur pain par les rues.

On sait que les mœurs et habitudes de ces escholiers n'étaient pas toujours des plus louables, on connaît leurs éternels démêlés avec les diverses autorités ou juridictions voisines du pays latin ; on sait quelle quantité de cabarets et de tavernes de ribauds et ribaudes, s'accolaient effrontément aux doctes constructions des collèges ; bien des étudiants détournés des études pouvaient dire comme Villon :

Bien sçai si j'eusse étudié
Au temps de ma jeunesse folle
Et à bonnes mœurs dédié,
J'eusse maison et couche molle !...

Au moment le plus chaud des querelles religieuses du XVIe siècle, dans lesquelles maistres et escholiers se sont jetés à corps perdu, c'est au collège Fortet, chez Jean Boucher, curé de Saint-Benoît, dans la grande salle d'un corps de logis qui existe encore, appuyé par des contreforts et flanqué d'une tourelle d'escalier, que se tiennent les assemblées de notables parisiens : prêtres, gentilshommes, procureurs, bourgeois, tous animés du même zèle catholique et guisard, qui organisèrent si puissamment le parti de la Ligue dans Paris divisé en seize quartiers, en donnant comme chef aux Parisiens le fameux conseil des Seize, dont chacun répondait de son quartier et fai-

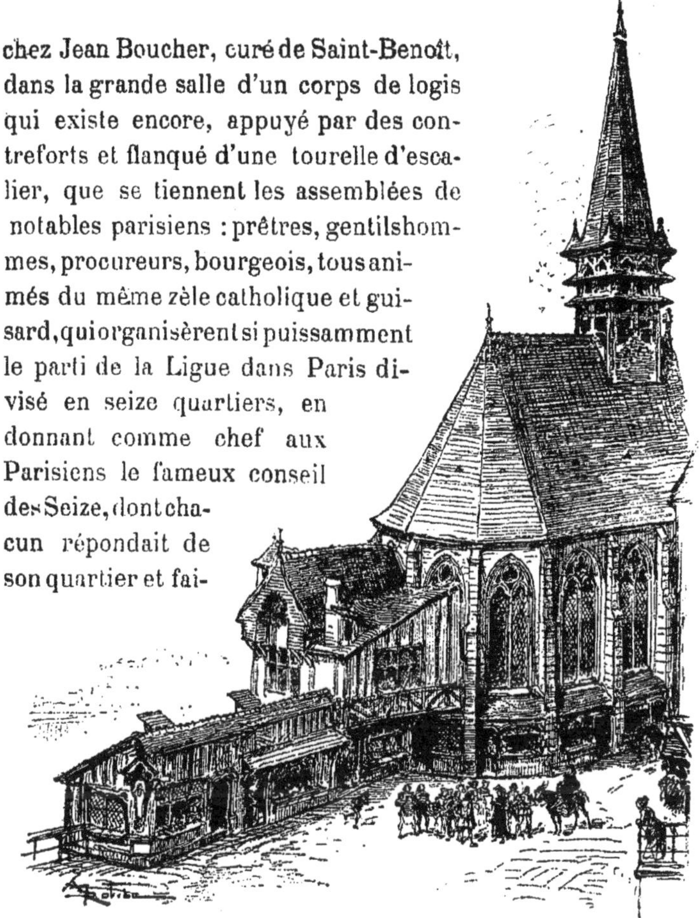

LE CHEVET DE SAINT-JULIEN-DES-MÉNESTRIERS

sait marcher les milices bourgeoises dirigées par des chefs inférieurs, centeniers et dizeniers. Parmi ces fougueux ligueurs, ces quarteniers qui tenaient Paris à la façon des chefs cabochiens, il se voyait d'étranges figures, comme ce procureur, ancien maître d'armes Bussy Le Clerc, comme Lachapelle Marteau, maître des comptes, ou Crucé, autre procureur, et des curés de paroisse, c'est-à-dire des agents de Guise travaillant à porter sur le trône une nouvelle dynastie ; des politiciens forcenés, lesquels, ayant trop de sang aux mains pour reculer, finirent, quand ils entrevirent la ruine, par vendre leur pays à l'Espagne.

Les bâtiments du collège Fortet, en ces dernières années, étaient occupés par une pension ; sous les bâtiments modernisés, sauf la tour, on trouvait encore deux étages de caves superposées, soutenus par des colonnes à chapiteaux.

Bientôt rien ne restera plus de cette tour, visible de la place du Panthéon par-dessus les palissades, et ce souvenir de la Ligue à son origine et du rôle joué dans les troubles par l'Université aura disparu.

D'autres tours d'escalier à peu près semblables, qui donnaient à tous les bâtiments comme un air de famille, existaient dans quelques autres vieux collèges, notamment au collège de Lisieux et au collège Montaigu, ses voisins plus importants.

LE CORNEMUSEUX

La maison de Robert Estienne. — Celle-ci était située rue Saint-Jean-de-Beauvais, presque en face la commanderie de Saint-Jean-de-Latran, rivale de la commanderie du Temple, dont les derniers débris ne disparurent que sous le second Empire. La célèbre dynastie des Estienne commence par Henri Estienne, associé de Simon de Colines, l'un de ces libraires parisiens, imprimeurs, éditeurs, relieurs et artistes souvent, qui publièrent les beaux livres du XVIe siècle, remarquables par leur typographie, par leurs belles gravures sur bois dès le temps de Charles VIII et de Louis XII, quelques années à peine après l'introduction de l'imprimerie en France.

L'imprimerie parisienne était née en 1469 au pays des Ecoles, sur le territoire et dans les bâtiments de la

Sorbonne, et les libraires imprimeurs succédaient aux clercs libraires-jurés de l'Université, fournisseurs d'éditions manuscrites; tout de suite se répandit le goût des belles éditions, des beaux livres décorés d'illustrations gravées, luttant avec l'art de ces peintres enlumineurs qui nous ont laissé de si merveilleux manuscrits.

C'est le temps des grands libraires parisiens, *Pigouchet*, *Antoine Vérard*, *Guyot Marchant*, *Simon Vostre*, du grand *Geoffroy Tory*, qui fut graveur et peintre, des *Estienne*, célèbres par la pureté parfaite de leurs éditions. Ces imprimeurs habitaient surtout le quartier de l'Université ou l'enceinte du Palais, ou sur les ponts; ils mettaient sur leurs livres, comme marque, généralement une sorte de rébus sur leur nom, ou l'enseigne de leur maison, ainsi les Estienne avaient l'olivier, Galiot du Pré une galiotte, Philippe-le-Noir des nègres enturbannés, Geoffroy Tory le pot cassé ou la croix de Lorraine, etc...

La maison où Henri Estienne s'était installé provenait des écoles de droit du clos Bruneau; elle portait l'enseigne de Saint Jean-Baptiste, qui fut remplacée ensuite par l'Olivier, marque des livres de la maison.

Robert Estienne avait épousé la fille de Josse Bade, autre imprimeur parisien; c'était une femme fort ins-

LA POMME-DE-PIN

truite elle-même, et, de même que chez le père de Montaigne, la langue usuelle de la maison était le latin, aussi bien pour les ouvriers que pour les servantes. Robert Estienne tenait à la pureté de ses éditions des classiques ; il avait coutume de mettre aux vitrages de sa boutique les épreuves corrigées de ses livres pour que les doctes passants, escholiers ou professeurs, pussent les lire, avec promesse d'une prime pour celui qui signalerait une faute oubliée. François Ier, protecteur particulier des Estienne, qu'il avait nommés imprimeurs royaux pour le grec, vint plus d'une fois leur faire visite en leurs ateliers.

La Pomme-de-Pin. — Les autres maisons de la rue des Vieilles-Ecoles ne sont point maisons de Parisiens célèbres ; ce sont des maisons anonymes reconstituées d'après les dessins et documents du temps, prises un peu partout, dans la Cité comme dans les quartiers populeux des rues Saint-Denis et Saint-Martin.

Aux premiers jours du XVIe siècle rien n'était plus compliqué et enchevêtré que les rues du Paris féodal ; mais partout, même aux endroits les plus serrés, parmi les logis populaires, se dressait quelque hautain pignon d'hôtel noble ou quelque portail de couvent, partout quelque flèche d'église ou de chapelle s'effilait dans le ciel; sur chaque carrefour, au tournant des plus médiocres ruelles, s'accrochaient à quelque façade plus fleurie de fines tourelles, comme il en reste à peine quelques-unes bien rares et toujours menacées de démolition dans le Paris d'aujourd'hui.

LA LUNE

On a pris quelques détails çà et là pour constituer le grand logis de la Pomme-de-Pin, de la rue de la Juiverie en la Cité, en face la petite église de la Magdeleine, cabaret célèbre qui vécut longtemps, traversa tout le moyen âge, pour briller encore au XVIIe siècle et disparaître obscurément cent ans après.

Prototype de toutes les tavernes fameuses, la Pomme-de-Pin existait déjà au XVe siècle. M. Adolphe Berty l'a signalée dans ses recherches dans les rôles de taille et les pièces d'archives du temps, où se retrouvent toutes les enseignes des maisons, seules marques des logis alors à défaut de numérotage, enseignes et dénominations qui pour la plupart se répétaient de rue en rue.

LE SOLEIL

Pour les enseignes de cabaret, on les trouve toutes dans un fabliau en prose du XVe siècle, rapporté et analysé par Edouard Fournier dans son *Histoire des Enseignes de Paris* et intitulée : *Le Mariage des quatre fils Hémon et des filles de Damp Simon*. Cette facétie, jouant sur les noms de cabarets, s'amuse à célébrer les noces des quatre fils Aymon, enseigne d'une taverne connue devant la Boucherie, avec les trois filles de Damp Simon, autre enseigne devant l'église Saint-Leu, et la Pucelle Saint-Georges rue Trousse-Vache, mariage inspiré par la *Grâce du Saint-Esprit* descendue sur l'*Ymaige saint Pierre*, lequel saint Pierre fait faire la demande par les *Trois Roys de Cologne*, rue Saint-Jacques, et *les Trois Reynes;* le *Cardinal* de la rue Pierre-au-Lait célèbre le mariage, l'*Homme à deux têtes* de la porte aux Peintres, bourgeois sage et discret, ordonne la dépense, etc., etc. La plupart des enseignes connues y passent.

Au XVIIe siècle la Pomme-de-Pin fut cabaret littéraire; elle avait l'honneur de compter parmi ses habitués Boileau, Molière, Racine, La Fontaine, Chapelle, Lully, Mignard, Furetière et autres ; on s'y grisa même quelquefois, dit la chronique. Chapelle du moins s'y laissait aller à son penchant pour les crus de Bourgogne, lesquels alors ne se montraient point si grands seigneurs qu'aujourd'hui et daignaient connaître le chemin du gosier des poètes à bourse plate. Néanmoins, pour l'ordinaire, les brocs de la

Pomme-de-Pin n'étaient que le prétexte de simples et joyeuses débauches d'esprit. Boileau fut l'un des plus fidèles, lui qui, enfant de la Cité, fils d'un greffier du Palais, né quai des Orfèvres, ne fit d'infidélité à son vieux berceau de Lutèce que pour sa maison d'Auteuil.

LES FOUS

Un jour que Boileau, saisissant Chapelle en quelque Pomme-de-Pin, le morigénait pour son peu de résistance à l'appas du vin frais tiré, celui-ci, raconte Voltaire, se laisse docilement sermonner, mais invite son ami à s'asseoir pour continuer son sermon plus à l'aise. On s'assoit. Boileau s'anime; le sermon est si écouté, et l'apôtre de la sobriété se rafraîchit si souvent, que bientôt il n'a guère plus de raison que celui qu'il avait tenté de convertir.

L'antique Pomme-de-Pin, aux littéraires souvenirs, devenue peut-être un infâme caboulot, ne disparut que de nos jours dans la démolition générale de la Cité, comme a sombré tout vestige d'autres cabarets littéraires, le Mouton-Blanc, rue de la Verrerie ; Au Cimetière Saint-Jean, cabaret où Racine, causant avec Boileau et d'autres amis, traça le plan de ses *Plaideurs*; la Tête-Noire, près de la Sainte-Chapelle ; l'Ange, les Bons-Enfants, le Caveau, rue de Bucy...

Sculptures et ymaiges gothiques. — On sait combien, au moyen âge, étaient nombreuses les façades de maisons décorées du haut en bas de sculptures plus ou moins finement traitées. Les hôtels ou logis de bonnes pierres de taille manquaient rarement de cordons de feuillages, de frises courantes, d'écussons, d'accolades sculptées au-dessus des portes et des fenêtres ; les simples maisons de bois accrochaient à toutes les saillies des *ymaiges* taillées, des statuettes dévotieuses, et surtout de joyeux et satiriques morceaux de sculpture, où le ciseau plus ou moins savant s'était complu à tailler dans le bois toutes sortes de figures comiques. C'est ce que l'on retrouve encore en de nombreuses cités, où ces spécimens du goût de nos ancêtres pour les façades historiées ont survécu plus facilement qu'en ce Paris si souvent bouleversé et transformé, à Rouen, Lisieux, Vitré, Morlaix, Angers, Tours, etc... En

JUDITH

SAINT ROCH

SAMSON ET DALILA

voici de nombreux échantillons : Adam représenté en train de croquer imprudemment la pomme, Eve écoutant le serpent enroulé autour du pommier de l'Eden, saint Roch avec son chien fidèle (il a son genou entouré de linges pour rappeler qu'il était bon d'implorer son aide en cas de morsure), saint Laurent avec le gril sur lequel il fut rôti, saint Denis portant sa tête, une représentation de l'Enfer, avec la chaudière déjà garnie de damnés dans laquelle d'affreux démons plongent une malheureuse pécheresse; l'arche de Noé, puis des fous tête-bêche, des têtes grimaçantes, des figures de chevaliers en armure complète, — on sait la fréquence de l'enseigne « *A l'Homme armé* » par les rues d'autrefois, de nobles dames le faucon sur le poing, de bons bourgeois en train de *humer le piot*, des cornemuseux, puis encore les fabliaux que l'on rencontre partout, aussi bien sculptés dans la pierre des cathédrales que sur les poutres des habitations, le moine tenté par le démon, le lai d'Aristote, le philosophe, l'homme de pensée mené par sa femme, etc...

Sous l'arcade débouchant rue des Vieilles-Ecoles a été restitué le double médaillon d'Héloïse et Abélard, placé dès le XVe siècle sur une façade dans la cour d'une maison du Cloître-Notre-Dame, ancien logis du chanoine Fulbert. La rue des Vieilles-Ecoles fait

L'ARCHE DE NOÉ

ABOUT DE POUTRE

TOURMENTS D'ERMITE

LE RENARD ET LA CIGOGNE

LE LAI D'ARISTOTE

penser au grand Abélard, dont la parole puissante attirait dans le cloître de la cathédrale les étudiants de tous pays au grand siècle de l'Université, et dont les leçons particulières à la pauvre Héloïse, nièce du chanoine Fulbert, eurent pour les deux amants de si tristes conséquences.

Les médaillons des amants légendaires sculptés sur la maison de Fulbert, rongés par le temps, subirent de siècle en siècle des restaurations et des retouches. Au XVIIe siècle on affublait Abélard d'une fraise à l'espagnole et l'on donnait une collerette Médicis à Héloïse. Plus tard on inscrivit sous la sculpture ce mauvais distique :

> Héloïse, Abeilard habitèrent ces lieux,
> Des sincères amants modèles précieux.

qui se lisait encore à la démolition de la maison, vers 1860.

L'image Saint-Martin. — Une fresque sur la muraille de la tour carrée qui fait face à la maison Flamel représente un saint Martin à cheval coupant son manteau pour le donner à un mendiant à jambe de bois. On avait, au moyen âge, une grande dévotion pour saint Martin, l'apôtre des Gaules, dont la chape, sous les rois mérovingiens, fut portée aux armées, soit

ÉCHOPPES DE LA RUE DES REMPARTS

comme étendard, soit comme relique, gage de victoire. Saint Martin était considéré spécialement comme le patron des voyageurs, et ses chapelles, partout et toujours, comptaient de nombreux fidèles. A Paris, il y avait une image de saint Martin accrochée aux murs de Saint-Séverin, image devant laquelle aucun Parisien partant en voyage n'aurait voulu manquer de venir faire une oraison et, sitôt rentré dans ses foyers, d'apporter en ex-voto un fer de sa monture. « Ce saint, dit l'abbé Le Bœuf, étant réclamé par les gens voyageant à cheval, en bien des endroits on retrouve ces fers cloués dans les portes d'églises dédiées à saint Martin. »

La muraille était donc couverte de ces vieux fers, témoignage de reconnaissance pour la protection du saint au retour des voyages, pas toujours commodes alors, ni exempts de dangers.

Le Puits d'amour. — En face de l'image Saint-Martin se voit un vieux puits. Il y avait alors dans la ville un certain nombre de ces puits banaux, soit appliqués au mur dans un coin de façade, soit ornements de carrefour, couverts par une ferronnerie ouvragée plus ou moins, comme on en voit encore dans certaines villes, chefs-d'œuvre des artistes ferronniers, signés comme celui de Quentin Metzys

RUE DES REMPARTS

devant la cathédrale d'Anvers, ou bien ouvrages d'artistes inconnus, comme l'armature du puits du château de Nantes.

A Paris, les plus célèbres puits de carrefour, assez modestes comme architecture, étaient le puits du cloître Saint-Germain-l'Auxerrois, le Bon Puits, rue de la Bonne-Fortune, près de Saint-Germain-des-Prés ; le puits Certain, près de Saint-Jean-de-Latran, ainsi appelé du nom de Robert Certain, curé de Saint-Hilaire ; le puits de Rome, derrière Saint-Martin-des-Champs ; le puits de l'Abbaye, au marché Sainte-Marguerite, près Saint-Germain-des-Prés ; le Puits qui parle, le Puits d'amour, reproduit ici. Celui-ci était situé à la rencontre des rues de la Grande et de la Petite-Truanderie, près les rues Pirouette et Mondétour, au plus serré du quartier des Halles. Au XVIe siècle, il était déjà très ancien et à demi ruiné. La légende voulait qu'une jeune fille, en des temps lointains, s'y fût jetée par désespoir amoureux ; il arriva qu'attiré par la légende un amant, éconduit par les parents de celle qu'il aimait, vint s'y précipiter à son tour. Par bonheur, il en fut retiré avant la noyade complète et seulement couvert de meurtrissures attendrissantes, si bien que les parents de sa belle, touchés de cette preuve de passion qui avait ému et soulevé tout le voisinage, lui accordèrent la main de son adorée. Les choses ainsi heureusement

RUE DES REMPARTS

arrangées, le jeune couple prospéra, et un jour, voyant le puits bien près de la ruine, le firent par reconnaissance réédifier à leurs frais, ce qu'une inscription, visible encore au siècle dernier, constatait en deux vers :

L'amour m'a refait
En 1525 tout à fait.

La rue des Remparts. — En arrière de la rue des Vieilles-Ecoles, depuis la place du Pré-aux-Clercs jusqu'au carrefour Saint-Julien, court la *rue des Remparts,* entre une rangée de vieux logis et une ligne d'échoppes abritées sous la verdure des grands arbres, et pour quelques-unes logées dans un vieux reste de fortification.

L'église Saint-Julien-des-Ménestriers. — Dans le Paris du moyen âge, outre les trois grandes abbayes de la rive gauche, Sainte-Geneviève, Saint-Germain, Saint-Victor, outre le grand prieuré de Saint-Martin-des-Champs, le Temple, la commanderie de Saint-Jean-de-Latran et 49 collèges presque tous pourvus de chapelles, on comptait plus de cent églises ou monastères; le chiffre des maisons religieuses devait même monter à deux cents au XVIIe siècle — grands fiefs ecclésiastiques dans tout leur appareil féodal, avec leurs tours, leurs prisons, leurs justices, grandes églises suzeraines d'églises dépendantes nées d'elles-mêmes dans le cours des âges, — paroisses, chapelles d'hospices, de collèges, de confréries ou de

CARREFOUR SAINT-JULIEN

corporations, — prieurés, couvents de tous ordres, de toutes conditions. . . . .

L'île de la Cité, à elle seule, ne comptait pas moins de dix-huit églises ou chapelles serrées autour de l'église mère, Notre-Dame, à l'ombre des tours majestueuses, dans le merveilleux ensemble monumental formé par l'immense vaisseau de la cathédrale au levant, le palais de l'Archevêché, le grand Hôtel-Dieu, et au couchant la vaste agglomération de bâtiments et de tours de l'antique Palais.

Quelle végétation d'architectures gothiques, de gables aigus, de pinacles fleuronnés ! quelle profusion de fenestrages délicatement découpés, de verrières flamboyantes ! quelle quantité de clochers et de clochetons causant entre eux à travers l'espace avec leurs voix de bronze, et laissant tomber par les hautes ogives l'allégresse ou le deuil des cloches, les appels pour les offices, sur des paroisses petites ou grandes, enchevêtrées les unes dans les autres !

Toutes ces églises étaient intéressantes; il y en avait dans le nombre de superbes, d'autres simplement remarquables, toutes rappelant d'innombrables choses des siècles écoulés, de grands ou menus événements, tout le déroulement de la vie de nos ancêtres, dont elles gardaient en grand nombre les tombeaux.

Il fallait choisir, parmi ces églises ou chapelles, celle qui pouvait convenir le mieux au cadre du *Vieux Paris* par sa structure pittoresque et ses sou-

PORTAIL DE SAINT-JULIEN-DES-MÉNESTRIERS

venirs très particuliers. Pour tout cela, pour son histoire, pour son affectation de l'origine à la fin, la petite église Saint-Julien-des-Ménestriers, ici reconstruite, convenait particulièrement. La chronique des rues et carrefours de Paris abonde en souvenirs de tout genre; la petite place qui se trouvait en la grand'rue Saint-Martin, presque au débouché de la rue aux Ours, un peu au-dessous des rues de Montmorency et de Grenier-Saint-Ladre, devant l'église Saint-Julien-des-Ménestriers, pouvait raconter l'histoire de la musique à travers les cinq siècles derniers, car cette église Saint-Julien était la chapelle corporative des musiciens, ménestrels, jongleurs de Paris, le chef-lieu, pour ainsi dire, de la musique en France, étant donné que le prévôt de Saint-Julien, roi des jongleurs ménestrels de Paris, chef de la ménestrandie royale de l'hôtel Saint-Paul ou du Louvre, possédait une véritable suzeraineté sur les rois des ménestrels et les ménestrandies des provinces.

C'était une église du XIVe siècle. Le bénédictin de Saint-Germain-des-Prés du Breuil, dans son *Théâtre des antiquités de Paris,* rapporte ainsi l'histoire touchante de sa fondation :

« *En l'an de grâce 1328, le mardy devant l.. saincte Croix, en septembre, il y avait en la rue de Saint-Martin-des-Champs deux compagnons ménestriers qui s'entr'aymaient et estoient toujours ensemble. Si estoit l'un de Lombardie et avait nom Jacque Grare de Pistoie, autrement dit Lappe; l'autre estoit de Lorraine et avait nom Huet, le guette du Palais du Roy. Or advint que le jour susdit, après disner, ces deux compagnons*

TRIBUNE DES MUSICIENS A SAINT-JULIEN

estant assis sur le siège de la maison dudit Lappe et parlans de leur besongne, virent de l'autre part de la voye une pauvre femme appelée Fleurie de Chartres, laquelle estoit en une petite charrette et n'en bougeoit jour et nuict, comme entreprinse d'une partie de ses membres, et là vivait des aumosnes des bonnes gens.

Ces deux esmeus de pitié, s'enquerrent à qui appartenoit la place, desirans l'achepter et y bastir quelque petit hospital. Et après avoir entendu que c'estoit à l'abbesse de Montmartre, ils l'allèrent trouver et pour le faire court, elle leur quitta le lieu à perpétuité à la charge de payer par chascun an cent solz de rente et huict livres d'amendement dedans six ans seulement, et sur ce, leur fit expedier lettres, en octobre, le dimanche devant la Sainct-Denys 1330. Le lendemain, lesdits Lappe et Huet prinrent possession dudit lieu et pour la memoire et souvenir firent festin à leurs amys. »

« *Les jongleurs, ménestriers et maistres en l'art de ménestrandie dépendant de la science et art de musique qui lors estoient demourans en ceste ville de Paris* » se joignirent à eux et, agrandissant leurs plans, résolurent de construire sur le terrain acquis un hôpital pour héberger les pauvres « *en l'honneur et révérence de Dieu, de Notre-Dame, de saint Julien du Mans et de saint Genest* ».

L'hôpital, avec sa chapelle, se construisit rapidement. Le portail de cette chapelle, sur la rue Saint-Martin, encadre dans sa grande ogive toute une légion de petits anges accrochés à la voussure et jouant de la harpe, du rebec, de la viole et autres instruments. A droite du portail est la statue de saint Genest, comédien romain et martyr, que les jongleurs ont

L'ÉGLISE SAINT-JULIEN-DES-MÉNESTRIERS

pris pour patron; à gauche, saint Julien l'Hospitalier, le saint à la légende terrible, patron de l'église Saint-Julien de la rive gauche.

Sur la petite place, devant le portail Saint-Julien, se fit pendant des siècles la loue des musiciens. Les jongleurs et ménestrels, chanteurs et musiciens quelconques, compagnons de Jacques Grare et de Huet, s'y rassemblent pour offrir leurs services à tout venant et attendent qu'on vienne les louer pour les cérémonies, banquets, noces ou festins. Les gros bourgeois désireux d'avoir quelques bons joueurs d'instruments, viole, mandoline, flûte, hautbois, pour faire danser leurs invités aux noces de leur fille ; les majordomes cherchant experts diseurs de vers ou farceurs joyeux pour une fête au manoir de leur maître, pour l'esbattement des convives d'un banquet; les gens chargés de recruter un corps de musique pour une cérémonie publique, de bons sonneurs d'instruments à placer sur des *échaffauds* enguirlandés pour quelque entrée solennelle de prince ou quelque belle procession, sont sûrs de trouver devant Saint-Julien leur affaire, un choix depuis les humbles petits croquenotes ou bateleurs, les ménestrandiers de fêtes populaires, jusqu'à des instrumentistes d'un ordre plus relevé, dignes de faire partie des maistres violons du roi attachés à sa cour en l'hôtel Saint-Paul ou au

Louvre. Il suffit de s'adresser au roi des ménestriers, au bureau de la corporation situé au-dessous de l'église, dans la rue des Jongleurs, dite plus tard des Ménestriers. Le roi des jongleurs, prévôt de Saint-Julien, est le grand chef élu de la corporation des jongleurs, jongleresses et ménestriers ; ce haut dignitaire fait observer les règlements et interdit à quiconque n'est pas reçu confrère de Saint-Julien de venir en la place proposer au public des talents non reconnus.

SAINT JULIEN
PORTAIL DE L'ÉGLISE

Musique et poésie sont mêlées à l'origine, jongleurs et trouvères sont frères et se confondent souvent. Le trouvère est le poète qui compose une chanson de geste, un fabliau ; mais il va aussi, récitant ses chansons ou celles des autres, par les châteaux et les villes ; il est ménestrel, chanteur, comédien. La corporation est vaste, elle va de l'art au métier, du trouvère au baladin; le trouvère et le ménestrel sont au sommet, en bas il y a le jongleur et le bateleur, faiseur de tours ou montreur de bêtes.

Ces jongleurs-bateleurs accompagnaient leurs représentations de farces, de harangues comiques tout à fait dans le ton des paradistes de la foire, des pitres comme Bobèche et Galimafré, dernières célébrités du genre,lesquels eussent été de la confrérie au moyen âge. Dans nombre de documents écrits ou dessinés on les trouve mêlés à des jongleresses,comme de nos jours aux fêtes dans les baraques de saltimbanques; mais il semble que, de bonne heure, avec les modifications dans les mœurs, la corporation se restreignit à l'art et au métier de la musique. Par son règlement fixé officiellement en 1321 devant le prévôt de Paris, la corporation parisienne se défendait contre l'intrusion des ménestrandiers du dehors, qui ne pouvaient exercer leur art dans Paris sous peine d'amende pour les contrevenants, de même que les musiciens de Paris non reçus par le prévôt de Saint-Julien et n'ayant point juré sa charte pouvaient être bannis de Paris pour un an et un jour, s'ils osaient essayer d'exercer.

L'hôpital des jongleurs subsistait encore au XVIe siècle. Jusqu'à la fin du XVIIIe siècle se maintint l'usage établi de la loue des musiciens sous le portail de Saint-Julien, et l'église resta affectée à la corporation, demeura même sa propriété.

LE ROI DAVID
PORTAIL DE SAINT-JULIEN

Mais la confrérie, après de beaux jours au temps du roi des ménestriers, seigneur suzerain des ménestrandies de province, avait décliné et s'était, avec le temps, scindée en plusieurs sous-corporations : la communauté des joueurs d'instruments, la communauté des maîtres à danser, l'académie de danse et l'académie royale de musique, qui se disputaient l'église à coups de procès. Les maîtres à danser pouvaient se glorifier d'une royauté aussi, office royal dépendant de la cour : *le roi des violons, maistres à danser et esdites sciences et maîtrises de violons, joueurs d'instruments tant haut que bas.* De l'Académie royale de danse, fondée par Louis XIV en 1661, provient le corps de ballet de l'Opéra, rameau détaché de la grande corporation de Saint-Julien.

En 1773, le roi de France, par un édit, supprima le roi des violons ; ce dernier roi, hélas ! portait un nom de triste augure : il s'appelait Guignon.

C'était le commencement de la fin. Lorsque souffla la tempête abattant d'autres royautés, les derniers confrères de Saint-Julien firent don de leur chapelle à la Nation, et aussitôt les démolisseurs, qui supprimaient alors tant d'églises, renversaient tant d'édifices, se mirent à l'œuvre. La vieille chapelle des ménestriers tomba sous la pioche.

Avec elle finissaient les premiers chapitres si curieux et si pittoresques de l'histoire de la musique en France, rejetant dans le vague de la légende tous ces types plus ou moins étranges, certains relevant de la poésie épique, et d'autres purement picaresques, lente transition entre les trouvères des chansons de geste, le déclamateur de la chanson de Roland, Taillefer si l'on veut,

Ki moult bien cantait...

et le chef d'orchestre, la pianiste, le ténor et le premier sujet de la danse de l'âge musical moderne.

Toute la musique tient sur cette place Saint-Julien

du *Vieux Paris*, puisque l'on va entendre dans l'église les chanteurs de Saint-Gervais, puis au Grand-Théâtre, en face l'orchestre de Colonne, et sur la place même quelques chanteurs populaires, des Ange Pitou ressuscités sous le parapluie rouge de la tradition.

SAINT GENEST
PORTAIL DE L'ÉGLISE

Le pilori de Saint-Germain-des-Prés. — Les escholiers du moyen âge, s'ils menaient souvent à travers les sentiers ardus de la science une vie rude et sévère, surtout dans certains collèges, où ils ne trouvaient guère qu'un toit et une très maigre pitance, — quand ils n'étaient pas forcés de chercher leur vie dans les travaux à côté, ou même de quêter leur pain à la porte des couvents, — se montraient souvent amis des distractions fortes, et par leur turbulence mettaient quelquefois à rude épreuve la longanimité des autorités universitaires.

Au travail dès le petit jour, dès les premiers tintements de la cloche de la Sorbonne, qui chagrinait si fort Villon, l'esprit fatigué réclame quelque distraction, la jeunesse comprimée éprouve l'impérieux besoin de dérivatifs violents. Elle les cherche et les trouve n'importe où, n'importe comment. En dépit des prérogatives et privilèges des écoles, jalousement défendus par l'Université, les escholiers finissaient par se heurter à des puissances, — soit le prévôt de Paris, qui leur avait réservé, en reconstruisant le Petit-Châtelet au Petit-Pont, deux geôles, que le prévôt Hugues Aubryot baptisait ironiquement *Clos Bruneau* et *rue du Fouarre*, du nom de deux rues des Collèges ; — soit le seigneur abbé de Saint-Germain, trop voisin des Écoles, voisin doublement à cause du fameux Pré-au-Clercs sur lequel les escholiers, forts de droits anciens, venaient à tout instant jeter le désordre, molestant les bourgeois, tourmentant les bourgeoises en promenade, et rossant même les sergents de l'Abbaye à l'occasion. Le Pré-aux-Clercs, cadre verdoyant de l'Abbaye du côté de la Seine, se divisait en *petit pré* et *grand pré*, séparés par la petite Seine, canal faisant communiquer la Seine avec les fossés de l'Abbaye et représenté aujourd'hui par la rue de Seine. L'Université prétendait que le grand pré, situé le long du fleuve à peu près jusqu'à l'esplanade des Invalides, lui avait été concédé par Philippe-Auguste, et elle disputait aux moines le petit pré, qui touchait aux murailles de l'Abbaye.

LE PILORI DE SAINT-GERMAIN-DES-PRÉS

Les tumultes au Pré-au-Clercs remplissent les vieux chroniqueurs. Fort souvent des rixes éclataient entre ces turbulents escholiers et les sergents de l'Abbaye soutenus par les habitants du bourg Saint-Germain, et parfois les escholiers avaient le dessous.

Pour des querelles tournées en batailles, pour des délits quelconques, pêches dans les eaux de la petite Seine, dont le poisson appartenait aux moines et que par conséquent les escholiers aimaient à capturer, pour des déprédations commises, bien des escholiers faisaient connaissance avec la geôle de l'Abbaye ou s'en allaient même figurer au pilori des seigneurs abbés, tourelle de justice élevée au milieu du carrefour, devant le guichet de l'Abbaye.

Lorsque l'Abbaye disparut à la Révolution, son pilori était depuis longtemps démoli ; la prison de l'Abbaye, la fameuse prison des massacres de septembre 92, a vécu jusqu'en 1854. Le boulevard Saint-Germain a passé sur tout cela, et quant au Pré-aux-Clercs, entamé vers 1600 pour le palais de Marguerite de Valois, la reine Margot, première femme du bon roi Henri, et morcelé peu à peu, ses dernières parcelles avaient déjà disparu au siècle de Louis XIV, dévorées par le faubourg Saint-Germain, ses rues et ses hôtels aristocratiques.

Paris avait un autre pilori aux Halles, bâti également en forme de tourelle, octogone celle-ci. Ce pilori des Halles s'élevait entre les bâtiments de la harengerie et les fameux piliers des Halles, au débouché de la rue Pirouette, laquelle, dit-on, tirait son nom de la sorte de pirouette grimaçante que faisaient les patients venant à chaque tour présenter leur face de ce côté. Ce pilori était entouré d'un cercle d'échoppes appuyées à sa base, échoppes ou boutiques appartenant au bourreau, qui en tirait un assez bon revenu.

LE GRAND-THÉATRE

QUARTIER XVIIIe SIÈCLE

LES VIEILLES HALLES

Voici justement la reconstitution d'un bâtiment de ces vieilles Halles parisiennes, le centre du Paris d'autrefois.

Aux siècles passés, ces Halles étaient un entassement assez incohérent de bâtiments de toutes grandeurs, séparés par des rues ou ruelles et affectés à la vente de tous les genres de denrées et victuailles, ou même d'objets très différents. C'était toute autre chose que les bâtiments réguliers d'aujourd'hui ; cela formait un grand carré touchant par un angle à l'église Saint-Eustache, flanqué sur un autre angle par le pilori, et plus bas par le cimetière des Innocents, au confluent des grandes voies Saint-Honoré, Saint-Denis, Saint-Martin, Pont-Neuf, sans cesse amenant un flot d'allants et venants, grandes voies bien étroites qui justement, au centre du mouvement sur ces points de rencontre, s'étranglaient en rues tourmentées plus étroites, presque des ruelles où le flux et le reflux des passants se trouvaient plus gênés.

Les piliers des Halles commençaient à la rue de la Tonnellerie, en tournant autour de la Halle au blé, pour gagner la place du Pilori et se prolonger jusqu'au marché aux poirées, marché en plein vent qui rejoignait la rue de Saint-Honoré par la rue de la Lingerie.

Il y avait dans l'espace ainsi circonscrit la rue de la Cordonnerie, les rues de la Grande et de la Petite-Friperie, la Fromagerie, les Halles aux draps et aux cuirs, la rue de la Poterie, etc.; toutes les industries possibles se rencontraient groupées dans des bâtiments, ou alignant leurs produits dans les rues et sous la galerie des piliers : les fourreurs, les potiers d'étain, les heaumiers, les chaudronniers, les tisserands, les bonnetiers, les gantiers et autres. A la grande boucherie de Beauvais, contiguë à la friperie, près la croix du Trahoir, on retrouvait aussi les bouchers, la violente corporation qui opprima Paris dans les grands troubles bourguignons.

Quand Paris, franchissant la Seine, s'étendit sur les deux rives, il s'établit des marchés à la Grève et à l'Apport-Paris, devant le Grand-Châtelet. Philippe-Auguste, voulant régulariser l'approvisionnement, créa les grandes halles sur des terrains dits les *Champeaux* ou *petits champs*, achetés à l'évêque de

SOUS LES HALLES ET RAMPE DU GRAND-THÉATRE

Paris, au chapitre de Sainte-Opportune, au prieuré de Saint-Martin-des-Champs et à l'évêque de Thérouanne.

Très florissantes au XIIIe siècle, on y trouvait en des bâtiments divers, marchés, boutiques, étaux, toute l'industrie de l'époque à la façon des grands bazars de l'Orient.

Au XVIe siècle il fallut restaurer, agrandir ; Gilles Corrozet fixe la date de ces reconstructions : « En » 1551, les Halles furent complètement baillées et » rebasties de neuf et furent dressez, bastiz et conti- » nuez excellens édifices, hostels et maisons somp- » tueuses par les bourgeois preneurs des vieilles » places et ruynes... »

De ces agrandissements et restaurations du XVIe siècle dataient les piliers des Halles que notre époque a vus dans leur décadence, soutenant les antiques façades ventrues et noircies, *Grand piliers*, *Petits piliers*, *Piliers des potiers d'étain*. Les derniers, rue de la Tonnellerie, ont été démolis vers 1865 pour achever de donner de l'ampleur au Ventre du Paris actuel.

Certains des vieux bâtiments à pans de bois et toits immenses possédaient des charpentes extrêmement curieuses. Les maîtres charpentiers du moyen âge jouissaient d'un renom d'habileté très justifié; d'ailleurs, les compagnons de la bisaigue et de l'her minette n'ont pas dégénéré, et ceux de nos jours ont, plus que les autres corporations du bâtiment, conservé les us antiques, les vieilles façons de mener le travail. On trouverait encore, en cherchant un peu dans Paris, quelques-unes de ces belles et robustes charpentes d'autrefois qui, dans leur ensemble, ont une allure artistique vraiment imposante. La charpente de la grande salle des Halles du *Vieux Paris* est traitée sur ce modèle, et l'on peut constater quel caractère mâle et robuste prennent les belles œuvres de l'art du bois.

CORBEAU GOTHIQUE

Admettons que ce bâtiment des Halles, enlevé à la Harengerie ou à la Lingerie, a été désaffecté et transformé en théâtre avec cabaret populaire sous les piliers. Les théâtres des XVIe et XVIIe siècles, l'hôtel de Bourgogne, le théâtre du Marais étaient, de même que les marchés, des salles à charpente visible, d'anciens jeux de paume souvent, sans fauteuils et sans balcons de velours.

Les fermes de cette charpente apparente ont vingt-cinq mètres de portée ; dans chaque travée, de grandes lucarnes irrégulières s'ouvrent dans le toit, parachevant l'aspect pittoresque de la salle, où de grandes auditions musicales alterneront avec des spectacles de tout genre, des défilés de scènes anciennes ou modernes.

La vie des Halles, pendant des siècles, fut des plus mouvementée ; aux époques troublées, c'était un des points d'éclosion des émeutes et des séditions. Par leur population particulière facile à remuer, les Halles ont joué souvent un rôle considérable dans les événements politiques ; la révolte des Maillotins n'y est-elle pas née lors de la publication par cri public d'un édit ajoutant un nouvel impôt aux impôts existants ?

Nombre de fois, des bandes d'émeutiers en sont sorties pour aller soulever quelque quartier ou marcher vers la Grève, et les vieux échos de ces bâtiments doivent se souvenir encore des clameurs et acclamations bien diverses entendues au cours des siècles : Vive Bourgogne ! et Meurent les Armagnacs ! Vive la Ligue ! Vive Guise ! et Vive le Roy ! A bas Mazarin ! et Vive Broussel ! Vive la Nation ! et Vive l'Empereur !

Combien d'émeutes, combien de bagarres, combien de chasses aux huguenots, d'ovations à M. de Beaufort, le roi des Halles de la Fronde, l'idole des dames de la Halle, qui s'en allaient le voir jouer à la paume, l'engageant à ne pas se gêner pour ses dettes ! Que de scènes joyeuses aux bons temps, de publications de victoires, que de plaintes aussi aux moments de la grande misère sous le roi-soleil à son déclin et dans les jours qui ont précédé la Révolution !

Les Halles ont vu bien des drames, bien des décapitations solennelles ; car c'était un lieu de justice comme la Grève.

Combien de gens, dans les troubles des XIVe et XVe siècles, furent conduits aux Halles pour y avoir la tête tranchée, soit par ordre des chefs des factions victorieuses, soit par justice royale quand sonnait l'heure des répressions. Le bourreau Capeluche y fonctionna pour le parti de Bourgogne. Jean de Montaigu, grand-maître de la maison du roi et quinze ans ministre de Charles VI, fut en 1409 arrêté par le prévôt de Paris, Pierre des Essarts, conduit aux Halles à son de trompe au milieu d'une escorte de bourgeois en armes dévoués à la faction bourguignonne et décapité.

En 1413 c'est le tour de Pierre des Essarts, qui, fatigué des troubles, a essayé de rendre Paris au Dauphin. Sous Louis XI, c'est le supplice de Jacques d'Armagnac, duc de Nemours.

« Cet infortuné seigneur, dit Sauval, fut conduit de la Bastille aux Halles, monté sur un cheval caparaçonné de noir. Etant arrivé, il fut mené aux chambres de la Halle aux poissons, lesquelles on avait exprès tendues en noir; on les avait aussi arrosées de vinaigre et parfumées avec deux sommes de cheval de bourrée de genièvre, pour ôter l'odeur de la marée, que les dites chambres et greniers sentaient.

« Ce fut là que le duc de Nemours se confessa, et pendant cet acte de religion, on servit une collation composée de douze pintes de vin, de pain blanc et des poires pour messieurs du Parlement et officiers du roi. Pour cette collation on donna douze parisis à celui qui l'avait fournie. Le duc de Nemours, s'étant confessé, fut conduit à l'échafaud par une galerie de charpente qu'on avait pratiquée depuis les dernières chambres et greniers jusqu'à l'échafaud du Pilori, où il fut exécuté.

« Cent cinquante cordeliers, tenant une torche à la main, recueillirent les restes sanglants du duc de Nemours et s'en retournèrent en chantant des *De profundis.* »

Bien d'autres ont passé de cette façon par les Halles. Il arriva même qu'une fois, au XVIe siècle, le bourreau, s'étant montré cruellement maladroit dans une éxécution, fut assailli par le populaire. Pour échapper aux coups, il se réfugia dans le pilori; mais les furieux mirent le feu à l'étage inférieur, et il périt dans les flammes. Mais que de gaietés aussi dans la chronique des Halles, que de bruits joyeux aux jours

SALLE DU GRAND-THÉATRE

d'allégresse, que de chansons plus ou moins satiriques, le Pont-Neuf étant voisin, que de cérémonies pour mesdames de la Halle allant en corps saluer les reines de France à leur entrée solennelle dans Paris après le sacre, ou tel ministre populaire, ou le Parlement à l'occasion! Mesdames des Halles, on le sait ont la langue bien pendue et se sont toujours attribué le droit d'en abuser; aussi certains matins quels feux d'artifice d'apostrophes vigoureuses et de ripostes salées dans les querelles avec les petits maîtres venus s'amuser ou certains bons lurons de la littérature de la foire, désireux d'entretenir leur verve à l'école du beau langage épicé de mesdames de la marée.

Jeaurat et Aliamet nous ont laissé quelques esquisses des Halles de leur temps, et Mercier, dans son *Tableau de Paris*, les complète par quelques notes où il dépeint la bousculade des voitures, le débordement des fruits et légumes, l'encombrement des marchés, toute cette foule tumultueuse de paysans, de marchands et de chalands. Et ce tumulte, ces étalages débordent des Halles, s'étalent sous les piliers, dans les rues environnantes, sur tous les emplacements disponibles, jusque dans les galeries du cimetière des Innocents, sous les charniers occupés par les petites mercières à minois galant, vendant rubans et chiffons, jolis articles de modes dans le voisinage macabre et sous l'entassement des os et des crânes des Parisiens défunts empilés au-dessus d'elles.

Et quel bruit dans ces halles, quelle symphonie !

N'oublions pas que les cris de Paris sont, pour ainsi dire, partis de là, puisque c'était le grand centre d'approvisionnement des petits marchands ambulants. « Le porteur d'eau, la crieuse de vieux chapeaux, dit Mercier, les marchands de ferrailles, de peaux de lapins, la vendeuse de marée, c'est à qui chantera sa marchandise sur un mode haut et déchirant. Les servantes savent reconnaître du quatrième étage et d'un bout de la rue à l'autre si l'on crie : *des maquereaux* ou *des harengs frais*, *des laitues* ou *des betteraves*, *A la barque! à la barque ! Hareng qui glace, qui glace! Du mouron pour les petits oiseaux ! A mon bel oignon ! La douce cerise! Gâteaux de Nanterre!* etc., etc...

Ce sont là les cris d'hier et d'aujourd'hui encore ; mais nos oreilles d'aujourd'hui ne peuvent guère nous donner qu'une faible idée de cette bruyante musique des marchands de la rue d'autrefois : c'est une musique en décadence, les cris de Paris tombent et se perdent. Autrefois tout se vendait à cris, tout se criait, s'annonçait par les rues.

L'originalité de ces cris de la rue, comme le pittoresque des vendeurs à hottes, éventaires ou ânes même, ont de tout temps frappé écrivains et artistes. On a les *Crieries de Paris* d'un poète du XIIe siècle,

Guillaume de la Villeneuve, qui énumère toutes *les crieries* de la rue, depuis les petits marchands jusqu'aux clocheteurs des trépassés. On a beaucoup de « *Cry joyeux des marchands, Farces des cris de Paris* », etc..., sans compter nombre d'images, de figures, depuis les premiers échantillons de l'art typographique grossièrement gravés sur bois avec légendes en lettres gothiques, jusqu'aux coquettes suites des artistes du XVIIIe siècle.

Nous trouvons aussi les Halles mêlées aux origines du théâtre en France; trois associations ou confréries de comédiens : les *Clercs de la basoche* du Palais, les *Confrères de la Passion* installés à l'hôpital de la Trinité en 1411, les *Sots* réunis aux *Enfants sans-souci*, tous simples amateurs d'abord, bourgeois, clercs ou gens de métier, donnaient dès le XIVe siècle des représentations très variées — tantôt des *Mystères*, pièces d'une large et naïve poésie mélangée d'inventions bizarres et de scènes d'un curieux réalisme où les grandes scènes de la Passion et de la vie des Saints s'entremêlaient d'épisodes comiques — tantôt des *Farces*, qui sont de véritables comédies vivantes et originales — tantôt des *Moralités*, pièces allégoriques où tout est étrange souvent, le sujet et les personnages qui représentent des abstractions, des défauts, des vices, des vertus. Les *Sots*, qui avaient inventé la

Sottie, pièce burlesque mélangée de couplets satiriques souvent audacieux, se réunirent aux *Enfants sans-souci* pour donner aux Halles, dans quelque bâtiment dont on ignore l'emplacement, des représentations précédées d'une parade en plein air, défilé

LA GRILLE DE LULLY

des personnages ou *montre*, accompagnée bien entendu de quelques joyeusetés pour mettre le public en goût.

Les Halles étaient un endroit bien choisi, rendez-vous forcé des bourgeois, et d'ailleurs lieu traditionnel de divertissements quand les Champeaux se trouvaient extra-muros et servaient aux jeux populaires, comme parfois aux tournois de la noblesse.

Les *Enfants sans-souci* conservèrent l'habitude des Sots et, tous les ans, le jour du mardi gras, donnaient une grande représentation précédée d'une cérémonie burlesque dans laquelle la troupe se formait en cortège devant la fontaine des Innocents avec toutes sortes de musiques en tête et défilait solennellement par toutes les rues autour des Halles en s'arrêtant à chaque carrefour pour quelque farce, à la grande joie du populaire assemblé.

En dehors de ce grand jour, les *Enfants sans-souci*, réunis aux anciens *Confrères de la Passion* pour former la troupe de l'hôtel de Bourgogne, faisaient annoncer leurs représentations par un ou plusieurs acteurs, au son du tambour, par les carrefours environnants. Vers 1540 il arriva même, dit-on, qu'un de ces acteurs, Jean de Pontalais, alors célèbre par ses facéties, faisant l'annonce ou la parade devant le porche de Saint-Eustache, le curé de cette église, incommodé au cours d'un sermon par le bruit du tambour, descendit de sa chaire et vint interrompre l'acteur :

— Qui vous fait si hardi, dit-il à Pontalais, de jouer du tambourin pendant que je prêche ?

Pontalais, fort de la faveur populaire, répondit irrévérencieusement :

— Eh ! qui vous a fait si hardi de prêcher quand je tambourine.

Le curé, pris de colère, creva la caisse et batti ensuite en retraite; mais Pontalais le rattrapa sur les marches de l'église et le coiffa de son tambour crevé, aux éclats de rire de l'assistance, plus égayée que scandalisée de cet exploit inattendu d'un comédien aimé.

Les comédiens de l'hôtel de Bourgogne conservèrent l'usage de la parade ou de l'annonce aux Halles jusqu'à l'aurore du Grand siècle, qui devait voir et leur succès définitif, et le vrai Théâtre, la Comédie, la Tragédie, apparaître après les essais et tâtonnements du moyen âge et de la Renaissance.

Au commencement du XVIIe siècle, dans cet hôtel de Jean-sans-Peur aux tragiques souvenirs, et dont l'histoire est si bien liée à celle des Halles, le goût est à la farce joyeuse; c'est le moment des fantoches comiques, des baladins et des bouffons qui vont de ce théâtre aux tréteaux en plein air des charlatans et vendeurs d'orviètan du Pont-Neuf.

Et pourtant l'hôtel de Bourgogne, où des comédiens de métier ont succédé aux confrères de la Passion, joue alors des pièces quelque peu amphigouriques, de froides tragédies au langage précieux, et il s'inquiète de voir de plus en plus vides ses banquettes. Les farceurs célèbres : *Gauthier Garguille*, *Gros-Guillaume* et *Turlupin*, trois garçons boulangers du quartier de la place Saint-Jacques, enlevés au pétrin par le goût de la farce, avaient fondé un petit théâtre place de l'Estrapade.

Sur ces très humbles tréteaux leurs joyeusetés eurent un succès de curiosité d'abord, puis une telle vogue, que le théâtre de l'hôtel de Bourgogne, se voyant de plus en plus délaissé par le public, alla porter ses plaintes devant Richelieu, plus favorable à la tragédie qu'à la farce. Celui-ci fit venir le trio au palais cardinal, le fit jouer devant lui et, gagné à son tour, engagea sur l'heure l'hôtel de Bourgogne à se l'attacher. Et alors des pièces de Scudéry, Rotrou et Hardy, les premières tragédies de Corneille alternèrent avec les farces de l'énorme Gros-Guillaume, au ventre cerclé comme un tonneau, du fluet et tout disloqué Gauthier Garguille et de Turlupin, leur maître peut-être en bouffonnerie, d'une verve extravagante peu ordinaire, mais aussi de grosse joyeuseté très peu délicate, très ordurière et même frisant trop souvent et de trop près l'obcénité.

Immense succès pour les trois confrères, vogue fabuleuse. On se bouscule à la porte de l'hôtel de Bourgogne, où les bouffons ouvrent la représentation par une parade pour attirer le public et égayer la queue des spectateurs devant le guichet. Les banquettes sont bondées à l'intérieur ; on s'écrase avant que les chandelles soient allumées, même pour les tragédies qui nous semblent les plus rébarbatives, comme certaines de Scudéry, qui eut bientôt, l'honneur de faire étouffer dans la presse le portier du théâtre.

Bientôt, d'autres bouffons, *Bruscambille*, *Jean Farine*, *Galinette la Galina* qui paradaient en même temps sur le Pont-Neuf, vinrent seconder ou remplacer le trio ; puis arrive *Guillot Gorju*, dont le pseudonyme cachait un fils de médecin qui, après avoir lui-même obtenu ses diplômes, s'était fait charlatan ambulant avant de devenir comédien.

Sous Louis XIV, grande rivalité entre les comédiens de l'hôtel de Bourgogne et la troupe de Molière. Celle-ci, après avoir couru la province à la façon de la troupe du *Roman comique* de Scarron, pour laquelle elle a servi peut-être de modèle, après avoir erré dans Paris de salle en salle, chassée de la salle du jeu de paume de la *Croix-Noire*, au Marais, au jeu de paume de la *Croix-Blanche*, à la porte de Buci, puis au jeu de paume de *Nesle*, a conquis enfin la faveur du roi et une salle à l'hôtel de Bourbon.

La troupe royale des comédiens français de l'hôtel de Bourgogne regardait de son haut ces comédiens errants, lesquels finirent par lui disputer la vogue. A la mort de Molière, les deux troupes se fondirent en une seule qui s'en alla occuper la salle de la rue Guénégaud, tandis que la salle de l'hôtel de Bourgogne restait en la possession des comédiens italiens, lesquels, appelés par Mazarin, alternaient déjà depuis longtemps avec les comédiens français.

Sous la tour Jean-sans-Peur ce sont d'autres fantoches maintenant qui égayent de leurs lazzis le vieux quartier Mauconseil: c'est *Scaramouche* et sa bande avec il signor *Pantalone*, c'est *Scapin*, c'est *Arlequin*, c'est *Polichinelle* sans peur et sans pitié aussi, le capitaine *Matamore*, *Cassandre* toujours berné et le doux *Pierrot* avec *Colombine* la coquette.

Les bouffons italiens s'étant permis quelques épigrammes sur Mme de Maintenon dans une pièce intitulée *la Fausse Prude*, on les mit à la porte en 1693 et leur théâtre resta fermé jusqu'à la Régence.

Précédemment, les confrères de la Passion, qui n'étaient plus comédiens du tout, mais dont l'association en tant que confrérie de la charité était demeurée propriétaire de la salle, avaient été supprimés par un édit de 1677 et leurs revenus affectés à l'entretien des Enfants-Trouvés.

La salle abrita ensuite la comédie italienne, c'est-à-dire, sous le même titre, la musique italienne et l'opéra-comique français, jusqu'à la construction de la salle de la rue de Choiseul. Tout était fini alors, le vieux théâtre de l'hôtel de Bourgogne avait vécu. En 1783, au moyen de quelques travaux d'aménagement, il devint la Halle aux cuirs jusqu'à l'éventrement du quartier pour le passage de la rue aux Ours ou Etienne-Marcel, qui fit soudain revoir le jour au donjon des ducs de Bourgogne.

Quant aux Halles, les bouleversements opérés de nos jours dans le quartier ont fait disparaître à peu près tout ce qui pouvait encore garder quelque chose de l'aspect d'autrefois. De tous les marchés divers : *harengerie*, *fromagerie*, *lingerie*, *halle aux draps*, *marché aux poirées*, *marché des Prouvaires*, auquel conduisait une rue de si grande réputation au moyen âge, qu'en 1476 Louis XI y pouvait loger son hôte le roi de Portugal, de tout cela rien n'est resté. Le pilori et la croix qui se trouvait à côté, dite *des Insolvables* parce que les mises en faillites s'y proclamaient, ont été démolis en 1786 en même temps que l'église des Innocents, pendant que le grand cimetière se transformait en marché en plein vent sous de grands parapluies.

A partir de 1851 commença la définitive démolition des bâtiments des Halles et de toutes les maisons alors branlantes et vermoulues qui leur avaient servi si longtemps de cadre. De tout cela, c'est à peine si l'on trouverait encore quelques débris ou quelques souvenirs du côté de la rue Pirouette, très attaquée aussi. Seules des parties des charniers en galeries voûtées du cimetière des Innocents subsistent encore et servent de rez-de-chaussée aux maisons donnant du côté sud sur le square remplaçant le marché, autour de la vieille fontaine de Jean Goujon placée au milieu.

Façade des Halles (*vers le Châtelet et le Pont au Change*). — Parmi ces vieux pans de bois, semblables à ceux que les anciens plans de Paris nous montrent partout dans les quartiers populaires, la tourelle du petit Château-Gaillard s'élève en face du Châtelet. La façade des Halles tournée vers le Pont au Change fait revivre quelques-uns de ces vieux pignons qui se suivaient en files tout le long des rues formant la bordure dite des piliers.

La grille de Lully. — On trouve en bas une belle grille de fer du temps de Louis XIV provenant de la maison de Lully, rue des Petits-Champs, à l'angle de la rue Sainte-Anne, et prêtée au *Vieux Paris* par M. Charles Normand, fondateur de la Société des Amis des Monuments parisiens. Le célèbre musicien Lully s'était fait bâtir un logis opulent décoré de sculptures, notamment d'un grand panneau d'attributs de la musique à côté d'un superbe balcon. Au

TOURELLE DITE CHATEAU GAILLARD

rez-de-chaussée, à l'angle sur le carrefour, Lully, propriétaire avisé, installa un cabaret où les belles ferronneries à la mode du XVIIe siècle enchâssaient l'enseigne de l'Épée-de-Bois ; il faut dire que Lully, devenu gentilhomme par l'achat d'une charge à la cour, portait une épée dans son blason. Cette épée du nouveau gentilhomme était donc à deux fins, puisque de l'écusson elle avait passé à l'enseigne de son locataire. Lully, un peu gêné au moment du règlement de sa construction, avait emprunté quelques milliers d'écus à Molière. On peut donc dire avec M. Charles Normand que l'argent de Molière a servi à payer cette grille. La maison existe toujours ; mais en ces dernières années, lors de travaux d'aménagement chez le débitant, la grille fut enlevée ; des acquéreurs, un riche collectionneur hongrois, un musée d'Angleterre, se la disputaient ; elle allait donc disparaître pour aller en quelque collection étrangère, lorsque M. Charles Normand, prévenu, put arriver à temps pour l'acheter et la conserver au moins à Paris.

Le petit château Gaillard. — Sur un angle de la même façade s'élève, encorbellée sur des contreforts et engagée dans les bâtiments, une tour provenant d'un reste de fortifications que l'on a vu jusqu'au milieu du XVIIe siècle près du Pont-Neuf, sous l'hôtel Guénégaud, et qui défendait une sorte de corps de garde en arrière de la porte de Nesle, reliée à la tour si fameuse dans l'histoire parisienne par un rempart à demi écroulé, au-dessus d'une berge, où les chevaux menés à l'abreuvoir croisaient les lavandières chargées de linge, ou les bretteurs en train de régler une querelle.

Ce coin de Paris formait sous Louis XIV, avant la construction du froid collège des Quatre-Nations, aujourd'hui l'Institut, l'ensemble le plus pittoresque que l'on pût imaginer, ainsi que l'ont bien montré Callot et Israël Silvestre dans leurs estampes.

Bien placé au débouché de ce Pont-Neuf toujours mouvementé, où les bateleurs et marchands d'orviétan attiraient et retenaient la foule, le château Gaillard offrait aux curieux une dernière occasion de s'arrêter et de rire.

> J'aperçois là-bas sur la rive
> Le beau petit château Gaillard.
> A quoy sers-tu dans ce bourbier ?
> Est-ce d'abry, de colombier?
> Est-ce de phare ou de lanterne ?
> De quoi? de pont ou de soutien ?
> Ma foi, si bien je le discerne,
> Je crois que tu ne sers de rien...

C'est *Paris ridicule*, une pièce satirique sur le Paris du XVIIe siècle, qui dit ceci sur le Pont-Neuf, alors

> Rendez-vous des charlatans,
> Des filous, des passe-volans...

Le passant avait vu les tréteaux des empiriques

charlatans, qui accompagnaient de parades et de farces la vente de leurs panacées ; il avait vu le *Beau Mondor*, vendeur de baumes et d'opiats, avec le fameux bateleur *Tabarin* pour associé, l'*Orviétan*, autre empirique assisté de farceurs enlevés à l'hotel de Bourgogne ou ailleurs, *Galinette la Galina*, *Polichinelle*, *Brigantin*, le *Capitaine Tranchemontagne*, *Carmeline*, l'arracheur de dents, qui jouera son rôle aux barricades de l'émeute Broussel. Le jeune Molière alors était un habitué de ces représentations en plein air et il aspirait à l'honneur d'être admis, à monter sur les tréteaux d'un quelconque de ces charlatans.

Après les charlatans illustres, on trouvait les acteurs de bois : le petit château Gaillard abritait les artistes du sieur Brioché, le plus célèbre des montreurs de marionnettes d'alors, un petit théâtre *à côté*, comme nous disons aujourd'hui, très en vogue, où l'on eut un jour comme intermède tragicomique le spectacle du poète-bretteur Cyrano de Bergerac tirant l'épée contre *Fagotin*, le singe de Brioché, et le jetant mort sur le carreau.

QUARTIER RENAISSANCE

Le Grand-Châtelet. — Dès les temps gallo-romains, alors que Paris, confiné dans l'île de la Cité, n'avait pour communiquer avec ses rives que deux ponts, amarres de la nef symbolique de Lutèce, le *Petit-Pont* au sud et le *Grand-Pont* au nord, il y eut en avant de ce *Grand-Pont* un ouvrage fortifié solide qui, maintes fois assailli par l'ennemi, joua un grand rôle dans les divers sièges soutenus par la ville.

On connaît par le poème d'Abbon tout le détail du grand siège des Normands, et en particulier les assauts soutenus par la grosse tour en avant du *Grand-Pont*, lorsqu'en 885 une formidable flottille vint jeter 30,000 Normands sur Paris. Tout le gros de l'attaque fut de ce côté. Les Normands avaient établi leur camp sur les ruines de Saint-Germain-l'Auxerrois et attaquaient par terre et par eau la grosse tour et le pont défendus par l'évêque Gozlin et le comte Eudes. Pendant deux mois, malgré assauts sur assauts, malgré l'incendie et bien que les fossés fussent comblés de cadavres d'hommes et d'animaux égorgés, la tour et le pont résistèrent victorieusement, et cette fois Paris fut sauvé. Cent ans après, ce sont les 60,000 Saxons et Flamands de l'empereur d'Allemagne Othon qui viennent se heurter à la forteresse, tout aussi inutilement.

C'est probablement sous le roi Louis le Gros que se construisit le Grand-Châtelet. Lorsque ce roi enferma d'une première enceinte les faubourgs de Lutèce débordée de son île, il rebâtit les deux forteresses du *Grand-Pont* et du *Petit-Pont*, connues depuis lors sous le nom de *Grand-Châtelet* et de *Petit-Châtelet*. Paris allait prendre sa belle physionomie de la grande époque du moyen âge : églises, collèges, hôpitaux, s'élevaient sur ses deux rives; le Louvre et Notre-Dame allaient naître. Le Châtelet dès lors est le siège de la prévôté de Paris, à la fois Chambre des plaids devant le magistrat royal chargé de la police et de la justice dans la ville, lieu de justice et prison. La juridiction civile et criminelle des prévôts de Paris était très étendue et fort chargée, et leur rôle pendant tout le moyen âge fut très important. Aux époques troublées, certains prévôts, véritables ministres royaux, eurent de grandes luttes à soutenir, le célèbre prévôt Hugues Aubryot en particulier. C'est celui-ci, entré en charge après la répression de la Commune de 1358, qui acheva l'enceinte

LE CHATELET

commencée par Etienne Marcel, construisit la Bastille et répara le Petit-Châtelet. Au cours de sa difficile magistrature, il succomba sous une coalition de l'Eglise et de l'Université et fit connaissance avec les cachots de sa Bastille, au fond desquels il resta un an, jusqu'à ce qu'une nouvelle révolte, celle des Maillotins, l'en vint tirer.

C'est à l'occasion de cette révolte et pour punir les Parisiens, que la prévôté des marchands fut supprimée et que les prévôts de Paris réunirent de 1382 à 1411 tous les pouvoirs entre leurs mains.

La juridiction de la prévôté fut maintes fois modifiée ou réorganisée par édits royaux; il y avait au Châtelet président, conseillers, notaires et nombre de fonctionnaires divers. Sous Louis XIV, toutes les justices particulières de la ville et de la banlieue furent supprimées, et réunies à la justice royale du Châtelet; il y eut un lieutenant général civil, un lieutenant criminel, deux lieutenants particuliers, cinquante-quatre conseillers, quatre avocats du roi, un procureur du roi, huit substituts, un greffier en chef, un premier huissier audiencier, plusieurs autres huissiers audienciers, quarante-huit commissaires, cent treize notaires, deux cent trente-cinq procureurs, trois cent quatre-vingts huissiers à cheval, deux cent quarante huissiers à verge et cent vingt huissiers priseurs : une armée !

LE CHATELET, COTÉ DU PONT-AU-CHANGE

C'était un lieu redoutable que le Grand-Châtelet ; sa destination et la patine des siècles lui avaient donné l'aspect le plus sinistre. Terrible était la réputation de ses cachots ; leurs noms pour la plupart le disaient suffisamment : il y avait le *Puits*, les *Chaînes*, les *Oubliettes*, la *Grièche*, la *Gourdaine*, la *Boucherie*, le *Berceau*, le *Paradis*, *Beauvoir*, *Barbarie*, *Gloriette* ; enfin, les pires, véritables fosses bourbeuses au niveau de la Seine : *Fin d'aise*, *Chausse d'Hypocras*, — et la chambre pour la question n'était pas non plus oubliée. Là aussi se trouvait une morgue où les cadavres trouvés par les rues ou dans la Seine étaient exposés.

Devenu prison, le Châtelet ne vit plus, en fait de spectacles guerriers, que guerres civiles et massacres. Les Armagnacs, entassés dans ses murs après l'entrée des Bourguignons, que Perrinet Leclerc avait introduits dans Paris par la porte Bucy, y furent assiégé par les Cabochiens, égorgés sans pitié ou jetés pardessus les créneaux sur les piques de la populace, hurlant autour des murailles.

Le seul jour où le sévère Châtelet consentait à sourire un peu, c'était chaque année le jour de la *montre* ou revue solennelle, qui persista jusqu'à la Révolution. Précédés d'une compagnie du guet à pied et de quelques pelotons du guet à cheval, s'avançaient des espèces de hérauts d'armes à cheval, portant les emblèmes de la justice civile et militaire; puis, à cheval des magistrats en robe rouge et en robe noire, les commissaires du Châtelet, quatre-vingts huissiers, cent quatre-vingts sergents à verge, cent vingt huissiers priseurs, vingt huissiers audienciers; puis une foule de greffiers et de clercs, tous à cheval aussi et se tenant plus mal que bien.

ANGELOT DU PORTAIL SAINT-JULIEN

Cette basoche du Châtelet, moins turbulente que celle du Palais, avait conservé plus longtemps ses droits et privilèges. Au moyen âge elle prenait part comme l'autre à des représentations de mystères ou de sotties.

Nous avons restitué le bâtiment d'entrée du Châtelet, la voûte ouvrant entre deux tours au bas de la rue Saint-Denis, en l'état où le Châtelet se trouvait après une restauration sous Louis XII, d'après l'eau-forte gravée par Israël Silvestre, vers 1650.

Une grosse horloge décorée, sous un auvent très

avancé, porte à son fronton les fleurs de lys de France et l'hermine d'Anne de Bretagne. Au-dessus s'élance le clocheton d'une petite chapelle qui disparut lors des modifications pour cause d'agrandissement des prisons sous Louis XIV.

Cette voûte du Châtelet continuait à être ce qu'elle avait été d'abord, une espèce de porte de ville, passage indépendant du Châtelet fort et prison, massif de grosses tours et de bâtiments, très serrés par toutes les maisons venues s'y coller et s'incruster en quelque sorte.

Après le long passage voûté sur lequel donnait la cour de la Morgue, on passait devant Saint-Leuffroy, antique chapelle dépendant de Saint Germain-l'Auxerrois et de Saint-Jacques-la-Boucherie, démolie en 1684 pour l'agrandissement des prisons, et l'on débouchait à la rue *Trop va qui dure*, devant, le Pont au Change, ou devant les deux branches de l'Y formé à l'extrémité du Pont au Change du XVIIe siècle.

Le carrefour de la rue Saint-Denis s'appelait l'*Apport Paris* ; c'était un petit marché établi de toute antiquité devant la *Grande Boucherie* au pied des tours.

Tout ce quartier de bouchers, de tripiers, d'écorcheurs, n'était qu'un dédale de ruelles sans air, tournant sous les sombres murailles aux fenêtres fortement

MAISONS RENAISSANCE DU PONT AU CHANGE

grillées; on trouvait la rue de la Triperie, la rue de la Saunerie, la place aux Veaux, la rue du Pied-de-Bœuf, la rue de la Tuerie, tous noms suggestifs qui en disent assez sur l'industrie du quartier, où pourtant l'orfèvre voisinait avec le boucher. A droite de la voûte c'était la rue Pierre-à-Poisson, qui conduisait à la Vallée-de-Misère, au bas du quai de la Mégisserie, souvent inondé ; à gauche, la rue *Trop va qui dure*, à la descente de la Vallée-de-Misère, entrée des geôles et chemin des supplices. Ce nom a fort intrigué les étymologistes et probablement voulait dire : il va trop longtemps, celui qui dure encore après l'avoir suivie, car les juges et les bourreaux l'attendent.

Combien de criminels et quelquefois de malheureux ont pu le penser en entrant aux cachots, qu'ils ne devaient quitter que pour marcher vers l'échafaud de la place de Grève. On ne s'évadait pas facilement du Châtelet. Cartouche cependant faillit s'échapper en perçant le mur de son cachot ; mais tombé dans une des maisons appuyées aux tours, à gauche de la porte d'entrée, il fut repris et ne put esquiver le châtiment de ses crimes.

La grande rue Saint-Denis, qui commençait à l'Apport-Paris, devant le Châtelet et le Pont au Change, outre qu'elle était l'artère principale de beaucoup la plus mouvementée du Paris du moyen âge, était aussi le chemin des entrées triomphales, des réceptions solennelles de rois et de reines. C'est par la porte Saint-Denis, pour ne citer que les plus fameuses et les plus fastueuses de ces réceptions royales, qu'entrèrent en la bonne ville de Paris l'empereur d'Allemagne Charles IV, venant visiter Charles V en 1378; la reine Isabeau de Bavière, femme de Charles VI, qui apportait avec elle tant de malheurs pour Paris et la France, le roi Louis XI en 1461, et François Ier en 1515, la reine Anne de Bretagne en 1504...

Quand l'empereur Charles IV vint faire visite à Charles V en 1378, le prévôt de Paris, le chevalier du guet, le prévôt des marchands, les échevins s'en furent au-devant de lui jusqu'à mi-chemin de Saint-Denis, suivis de dix-huit cents bourgeois à cheval, vêtus de robes mi-partie blanc et violet. A la chapelle Saint-Denis, l'empereur qui voyageait en litière parce qu'il avait été pris en route d'un violent accès de goutte, quitta cette litière et se hissa sur un cheval noir richement caparaçonné envoyé par le roi.

Le cortège se remit en marche et trouva, l'attendant en avant de la porte Saint-Denis, le roi de France avec les ducs de Berry, de Bourgogne et de Bar, les archevêques de Reims, de Rouen et de Sens, les évêques de Paris, Laon, Beauvais, Noyon, Bayeux, les abbés des grandes abbayes, tous à cheval, avec une quantité de seigneurs de la cour et d'innombrables chevaliers. Le roi, vêtu d'une cotte hardie d'écarlate vermeille et d'un manteau fourré, montait un grand palefroi blanc. Outre les hauts et puissants seigneurs laïques et ecclésiastiques dessus dits, il était accompagné de tous les fonctionnaires de la cour : chambellans, chevaliers d'honneur, maîtres d'hôtel, écuyers, huissiers, pannetiers, échansons, sommeliers, plus cinquante-deux valets de chambre, soixante sergents d'armes, foule étincelante et chatoyante vétue de velours et de satins aux couleurs éclatantes. Pour juger la magnificence des costumes, il suffit de citer les maîtres-queux et écuyers de cuisine vêtus de houppelandes de soie et d'aumusses fourrées à boutons de perles.

La réception de la reine Isabeau de Bavière, épouse de Charles VI, eut un autre caractère que ce grandiose et chevaleresque défilé. C'était une fête en même temps, une marche nuptiale coupée de réjouissances, et la rue Saint-Denis vit ce jour-là passer dans le flamboiement des drapeanx et des bannières, entre deux interminables murailles de tapisseries de haute lices, de verdures et de fleurs, et sous un ciel de draperies de soie, un éblouissant cortège de nobles dames en grands atours,— toutes les princesses de la cour, toutes les femmes de la haute noblesse de

France. C'était le dimanche 20 août 1387. Sur le chemin de Saint-Denis se tenaient douze cents bourgeois de Paris à cheval vêtus de vert et de vermeil. La reine Isabeau s'avançait en litière richement parée et découverte, entourée des ducs frères du roi et de dix seigneurs de haut rang à cheval, marchant au petit pas. Venaient ensuite la duchesse de Berry, sur un palefroi, *adextrée* de deux seigneurs; la duchesse de Bar en litière, la duchesse de Bourgogne et la comtesse de Nevers, la duchesse de Touraine à cheval, et une foule d'autres dames et damoiselles en chars couverts ou sur palefrois galamment harnachés, des gentilhommes, prélats et chevaliers en nombre, précédés de sergents d'armes et d'officiers du roi, ouvrant la marche et très *embesognés*, comme bien on pense, à percer la foule immense qui remplissait les rues et les places.

A la bastille Saint-Denis, des enfants *appareillés en ordonnances d'anges*, dans un ciel semé d'étoiles et d'armoiries, chantèrent au passage du cortège *moult mélodieusement et doucement*. Des vins et liqueurs coulaient de la grande fontaine monumentale qui se trouvait à la hauteur de la rue Guérin-Boisseau, décorée pour ce jour de drap d'azur semé de lys et couverte d'écussons aux armes des hauts et notables seigneurs. Des jeunes filles en riches costumes chantèrent encore en l'honneur de la reine, et chantèrent si bien que, dit le chroniqueur, « douce chose et plaisante était à l'ouïr ! » Leur chant terminé, elles prirent hanaps et coupes d'or et présentèrent à boire des vins de la fontaine aux nobles seigneurs du cortège.

A quelques pas de là, devant le moutier de la Trinité, où peu après s'établirent les confrères de la Passion, il y eut une grande représentation théâtrale. On donnait *le Pas du roi Saladin* avec une multitude d'acteurs. Après un compliment à la reine, des personnages représentant les douze pairs de France et Richard Cœur-de-Lion assaillaient une forteresse défendue par Saladin et ses Sarrasins, « et là il y eut par esbattement grand bataille qui dura une bonne espace ».

A la deuxième porte de Saint-Denis, dite Porte aux Peintres et ouvrant dans l'enceinte de Philippe-Auguste, d'autres anges attendaient encore la reine, dans un ciel constellé ; mais ils avaient cette fois avec eux Dieu le Père, Dieu le Fils et le Saint-Esprit. A l'arrivée du cortège, des chants éclatèrent dans ce paradis, il y eut belle séance de musique ; puis la porte du ciel s'ouvrit, deux anges descendirent des nuages et vinrent poser sur la tête de la reine une belle couronne d'or garnie de pierres précieuses, en lui chantant ces vers avant de remonter :

Dame enclose entre fleurs de lys,
Reine estes-vous de Paris,
De France et de tout le pays.
Nous en r'allons en Paradis.

A la chapelle Saint-Jacques, autre arrêt devant une haute chambre encourtinée montée sur un échafaud où de grandes orgues faisaient éclater leur musique.

La plus longue station fut au Châtelet, devant lequel avait été élevé un castel de charpentes avec tourelles « assez fortes, dit Froissart, pour durer quarante ans », et gardé à tous ses créneaux par des hommes d'armes armés de toutes pièces. Au milieu, sur un lit richement paré, était une femme représentant Mme saint Anne.

En avant de ce castel, dans un espace fermé de palissades, on avait planté un petit bois, une garenne où se trouvait « grand foison de lièvres, de lapins et d'oisillons, courant ou voletant dans la ramée ». Quand le cortège déboucha devant le Châtelet, un grand cerf blanc sortit du bois et s'en vint devant le lit de justice de sainte Anne, comme pour chercher aide contre les attaques d'un lion et d'un aigle qui le suivaient de près. Alors parurent douze belles jeunes filles, l'épée nue à la main, qui se mirent devant le cerf pour repousser les assaillants.

Traditionnellement, au passage des cortèges sur le Pont au Change tendu d'étoffes brillantes, cent ou deux cents douzaines d'oiseaux de toutes sortes s'envolaient tout à coup, lâchées par les oiseleurs de Paris, suivant leur coutume aux entrées, « pour ce qu'ils ont sur le dict pont, lieu et place à jours de fête pour vendre les dicts oiseaulx ».

En d'autres circonstances d'autres cortèges, au lieu de descendre la rue Saint-Denis, la remontaient. C'était le chemin de l'abbaye royale de Saint-Denis. Rois et reines, qui avaient suivi ce chemin à cheval ou en litière, pour leurs noces ou entrées joyeuses, un jour le reprenaient couchés dans leur bière pour leur enterrement... Si on la descendait joyeusement, couronne en tête, au commencement des règnes, au retour du sacre, au temps des belles espérances souvent déçues, plus tard la dépouille mortelle de ces rois tant acclamés refaisait à rebours le même chemin pour aller retrouver dans les caveaux de Saint-Denis les ombres de leurs prédécesseurs.

Autres circonstances, autres pompes et autres sentiments dans les cœurs des assistants. C'était lentement, à la lueur des torches funèbres, que le cercueil royal, au sortir de Notre-Dame, montait vers la porte Saint-Denis, suivi par les princes, les prélats, les officiers royaux à pied.

Plus de fleurs, plus de guirlandes de verdure, plus de joyeuses levées de cloches ; mais au passage du cortège, le glas funèbre sonné par toutes les églises, à l'unisson du gros bourdon de Notre-Dame.

Le cortège des funérailles de Charles VII peut donner une idée de ces funèbres processions ; la chronique de Jean de Troyes nous en donne le détail : en avant du corps marchaient deux cents « povres personnes » en robes et chaperons de deuil, portant torches armoriées de quatre livres de cire ; le corps suivait dans une litière portée par les officiers des gabelles de Paris ; au-dessus de cette litière couverte d'un riche drap d'or, se voyait la portraiture en cire du roi Charles revêtu de l'habit royal, couronne en tête et sceptre en main. Le duc d'Orléans, le comte d'Angoulême, le comte d'Eu, Dunois, Jean Juvénal des Ursins, grand chancelier, tous à cheval, menaient le deuil. Derrière eux, marchaient six coursiers couverts de velours noir et montés par six pages en habit de deuil ; puis deux à deux et à pied, tous les officiers de l'hôtel royal, « tous vestus de deuil angoisseux ».

Le Pont au Change. — La voûte du Châtelet conduit au Pont au Change, comme jadis dans la réalité. Nous avons dit que le Pont au Change était le successeur, après bien des transformations, du *Grand-Pont* de Lutèce, communication de la petite cité avec les routes du nord. Des recherches de nos jours ont voulu placer ce Grand-Pont au pont Notre-Dame; mais tous les indices et jusqu'à la présence du Châtelet à la tête donnent raison à la tradition constante en faveur du Pont au Change. Donc, le Pont au Change ou aux changeurs et le fameux Grand-Pont de Paris, maintes fois tombé, écroulé ou brûlé. Etabli en bois depuis des siècles, brûlé ou enlevé par les eaux plusieurs fois, il dut commencer à se charger de maisons vers le XIe siècle. Des moulins tournaient sous les arches ; aux maisons des meuniers s'ajoutèrent des ateliers d'orfèvres; puis une ordonnance de Louis VII, en 1141, y établit les boutiques des changeurs, et peu à peu le Grand-Pont devint le Pont aux Changeurs.

A cette époque, l'étroit passage serré entre deux rangs de petites maisons est animé par le va-et-vient incessant des cavaliers et des piétons, des marchands amenés par leurs affaires, des flâneurs attirés par les boutiques. On trouve là non seulement les riches changeurs, presque tous Lombards, faisant le commerce de l'argent et la banque, mais encore des orfèvres et autres artisans travaillant surtout les métaux précieux. Une seule arche servait à la navigation, la grande arche du milieu ; elle était réputée propriété de la *hanse des marchands de l'eau*, la fameuse compagnie des marchands parisiens, dont les innombrables bateaux cabotaient incessamment tout le long de la Seine, grande voie de commerce d'alors, et se pressaient en rangs serrés aux portes de Paris.

UNE FAÇADE SUR LA SEINE

L'arche marinière, comme la rivière, se trouvait sous la juridiction du prévôt des marchands; les autres arches, avec leurs moulins, étaient la propriété des chanoines de Notre-Dame. Ces moulins nuisaient à la solidité du pont pendant les crues d'hiver, aux mauvais jours de la rivière. A une certaine époque ils durent être supprimés, malgré la protestation des chanoines, et placés un peu en aval. Leur réunion en travers du fleuve, un peu au-dessous de la tour de l'Horloge, à la place d'une sorte de pont fortifié construit en avant du Grand-Pont au temps des Normands, fit naître le pont aux Meuniers, frère jumeau du pont aux Changeurs, d'abord simple passerelle reliant les moulins.

Le pont aux Changeurs était aussi le pont aux Oiseliers ; les marchands d'oiseaux avaient obtenu le privilège de s'y établir et d'accrocher leurs cages sous les auvents des boutiques des changeurs, malgré toutes les réclamations de ceux-ci, à charge de fournir pour les entrées royales, comme nous l'avons dit, les oiseaux destinés à être lâchés en signe de liesse, au passage des rois et des reines.

Le *Pont aux Meuniers*, très proche voisin du *Pont au Change*, fut emporté par une énorme crue d'hiver en décembre 1596, avec toutes ses maisons, ses moulins et cent cinquante de ses habitants, qu'on ne plaignit pas beaucoup (dit l'Estoile), parce qu'ils s'étaient enrichis des pillages de la Saint-Barthélemy et de la Ligue. La catastrophe eut pour effet d'épouvanter les habitants du Pont au Change, qui durent évacuer en hâte leurs maisons dans la nuit, au milieu du fracas des écroulements et des désordres suscités par les voleurs accourus au butin.

Le Pont au Change résista cependant. On reconstruisit le Pont aux Meuniers, qui devint le Pont Mar-

RAMPE DU CHATELET

chand, du nom de son constructeur, Charles Marchand, capitaine des archers de la ville. Vingt-neuf ans après, dans la nuit du 22 au 23 octobre 1621, le feu prit au Pont Marchand et se propagea d'un bout à l'autre en moins d'une heure. L'espace séparant les deux ponts étant fort étroit, les flammes le franchirent bientôt et le Pont au Change prit feu à son tour. Ce fut un tumulte et un désastre effroyables ; après quelques heures, il ne resta des deux ponts que des lignes de pieux à demi consumés dans la rivière.

L'Estoile rapporte dans son journal du règne de Henri IV une particularité de l'ancien Pont au Change. A certains jours de carnaval, on avait pour coutume de dresser dans la rue des tables où tous les « débauchés de Paris » venaient jouer aux dés. Cette coutume fort ancienne paraît avoir pris fin sous Henri IV, peu d'années d'ailleurs avant la fin du pont lui-même.

On mit un temps fort long à reconstruire le Pont au Change; malgré la gêne considérable qui en résultait, on se contenta pendant des années d'une passerelle jetée sur ses ruines. On ne commença la reconstruction qu'en 1639. Ce fut alors le plus large des ponts de Paris ; il était encore chargé d'une double rangée de maisons uniformes, très hautes, superposant quatre étages de fenêtres au dessus du rez-de-chaussée, et non plus à pignons distincts comme précédemment, mais formant de chaque côté une ligne continue, régulière, coupée d'avant-corps de distance en distance, avec un seul toit régnant sur toute la longueur.

Un très curieux projet de reconstruction de Marcel le Roy en 1622 eût donné au pont au Change une grande allure. La ligne des maisons eût été coupée d'arche en arche par des tours rondes. Le projet ne fut pas admis, on lui en préféra un autre moins grandiose.

Le nouveau pont aux Changeurs, dit aussi aux Orfèvres, comptait, suivant un plan du temps, 106 forges. En touchant à la rive droite sous le Châtelet, il formait la fourche ou si l'on veut l'Y. Le passage se divisait en deux branches entre lesquelles s'élevait un groupe triangulaire de maisons. Un monument était appliqué sur la façade de la maison formant la pointe du triangle. On y voyait sur un fond de marbre noir un groupe de trois figures de bronze : Louis XIII et Anne d'Autriche à côté de Louis XIV enfant, debout sur un piédestal et couronné par une Renommée. Au dessous, un bas-relief représentant deux esclaves, et plus haut divers écussons et inscriptions sous des frontons superposés complétaient le monument. Le passage bien étroit à gauche du monument s'en allait retrouver la rue Trop-va-qui-dure et les ruelles circulant autour du Châtelet ; le passage de droite conduisait à la rue de Gèvres. De ce côté, entre le pont au Change et le pont Notre-Dame, sur le terrain des vieilles tueries et écorcheries des bouchers, on construisit en même temps que le pont, les voûtes du quai de Gèvres, ouvrant sur la rivière par une série de grandes arches, et supportant une rangée de maisons symétriques destinées à relier les deux ponts.

Les hautes maisons du Pont au Change furen démolies à la fin du règne de Louis XVI. On se plaignait beaucoup de la gêne qu'elles apportaient à la circulation ; elles tombèrent, le passage fut dégagé juste au commencement de la Révolution. C'est par là qu'allaient passer les charrettes des condamnés sortant du tribunal révolutionnaire. Le pont lui-même fut démoli sous le second Empire et remplacé par le pont de trois arches actuel.

Par le Pont au Change du *Vieux Paris*, nous avons voulu donner une idée de ces vieux ponts à maisons d'autrefois, formant sur l'eau des rues à maisons irrégulières, plantées en encorbellement sur les poutres ou sur les pierres du pont, au-dessus des moulins tournant d'arche en arche ; puis, à partir du XVIe siècle transformés en rues à constructions symétriques toutes semblables, la brique venant jouer dans la pierre où des sculptures ajoutent des notes d'art.

ENTRÉE DE LA FOIRE SAINT-LAURENT SOUS LE CHATELET

C'est un pont de cette époque de la Renaissance que nous avons reproduit en partie, décoré avec des motifs pris au pont Notre-Dame, des sirènes que Jean Goujon avait sculptées à l'occasion d'une entrée royale, un pont avec ses boutiques de commerce de luxe, ses antiquaires, ses orfèvres étalant aux regards des passants, dans les vitrines de leurs boutiques, curiosités et objets d'art travaillés et mis en vente par des personnages habillés selon les estampes d'Abraham Bosse. Cette rue sur l'eau, jadis la plus vivante des rues de la grande ville et la plus précieuse par la richesse de ses étalages, avait un caractère particulièrement international avec ses boutiques de Lombards, de Florentins, d'Orientaux, de Flamands, de négociants venus de tous les coins de l'Europe pour y faire le commerce de matières rares et d'objets curieux.

Le Palais. — Le grand édifice à pignon monumental et grands combles s'élevant à l'extrémité du Pont au Change est une restitution d'un morceau de l'immense *Palais de la Cité*, qui fut le palais des rois de France, des origines aux jours troublés du XIVe siècle. La partie choisie est la célèbre *Grande Salle*, la salle des solennités, la salle des festins royaux, des grandes réunions, avant de devenir la grande salle du palais du Parlement, deux fois reconstruite après deux incendies, en 1618 et en 1871. La vieille demeure des préfets romains, le Palais gallo-romain et mérovingien où Frédégonde et Chilpéric, Dagobert et saint

PIGNON DE LA GRANDE SALLE DU PALAIS

Eloi avaient passé, ébranlé par les siècles et ruiné par les sièges, fut reconstruit en l'an mil par Robert le Pieux, un des grands bâtisseurs de Paris.

De ce palais roman il ne reste plus rien. Saint Louis et Philippe le Bel, deux siècles après, au moment du grand essor de l'architecture ogivale, le reconstruisirent complètement et lui donnèrent une physionomie dont nous pouvons juger encore par les magnifiques morceaux qui nous restent : la Tour de l'horloge, la Conciergerie, la Sainte-Chapelle.

Jadis, le Palais formait un immense ensemble de bâtiments enchevêtrés, enfermés dans une muraille crénelée, flanquée de tours, allant de la rue de la Barillerie, le boulevard du Palais actuel, au terre-plein du Pont-Neuf. Sur les deux côtés jusqu'à la pointe de l'île, c'était la Seine, baignant presque le pied des tours qui servait de fossé. Le côté Nord a conservé le mieux sa physionomie ancienne avec ses grosses tours rondes de la Conciergerie, sa tour Bon-Bec et la tour carrée de l'Horloge. Sur le côté Sud, c'était un mur crénelé continu, rejoignant à la pointe, vers le Pont-Neuf actuel, la maison des Etuves, tandis que, sur la rue de la Barillerie, entre le Pont au Change et le Pont Saint-Michel, un rempart dessinait une ligne ondulée, avec tours et tourelles, avec de gros bâtiments, une chapelle Saint-Michel, et deux portes donnant l'une sur la cour dite du Mai, à cause de l'arbre planté par les basochiens le

1er mai de chaque année, et l'autre sur la cour de la Sainte-Chapelle.

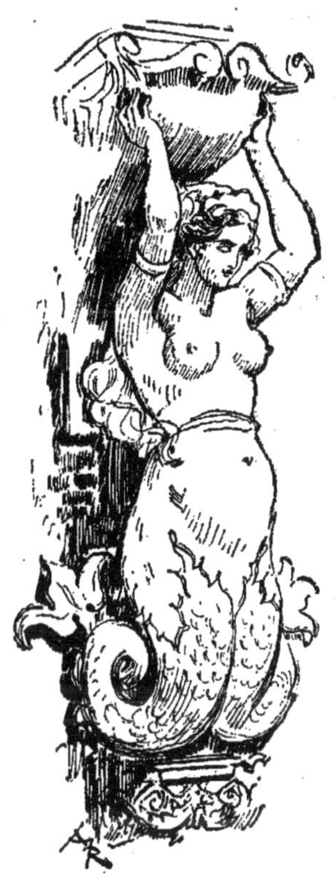

SIRÈNE DU PONT AU CHANGE

La Grande Salle. — La grande salle du Palais datait des dernières années du XIVe siècle, elle avait été terminée par Enguerrand de Marigny. Bâtie sur une grande salle inférieure qui existe encore, survivant à bien des ruines, elle était éclairée par de grands fenestrages et par des roses dans les pignons, qui envoyaient la lumière sur les voûtes lambrissées peintes azur à fleurs de lys d'or, sur les statues de rois accrochées aux piliers. Ces statues fameuses formaient pour le peuple une espèce d'histoire en « ymaiges ». Des inscriptions au-dessous de ces figures indiquaient la durée du règne de chaque roi avec la date de sa mort. De plus, ces rois, selon qu'ils étaient réputés bons ou mauvais monarques, portaient le sceptre haut ou le sceptre baissé. « On pensait dans le peuple que ceux qui sont représentés avec les mains hautes ont régné vertueusement, et ceux qui ont les mains basses ont été infortunés et n'ont fait acte d'excellence. » C'est Gilles Corrozet qui le dit dans ses *Antiquités et singularités de Paris*, en donnant la liste de ces statues avec les inscriptions constamment lues et commentées par les curieux passant dans la Grande Salle.

Pour la décoration de notre Grande Salle, nous avons repris quelques-uns de ces rois à sceptre levé ou baissé : Pharamond, Clotaire, Clovis, Chilpéric, Dagobert, Hugues Capet, Pépin le Bref, Saint Louis et Philippe-Auguste.

Enguerrand de Marigny, le grand ministre de Philippe le Bel, qui s'était fait élever une statue dans la Grande Salle à côté de celle du roi, eut à la mort de son maître le sort de tant de ministres : le premier soin de Louis le Hutin fut de le faire juger pour concussions et de l'envoyer au grand gibet monumental de Montfaucon, construit justement par Marigny lui-même.

Au fond de la Grande Salle se trouvait la célèbre table de marbre, que l'on croyait, sans y regarder de trop près, faite d'une seule tranche de marbre. Cette table illustre, contemplée avec respect par le populaire, était la table royale réservée, dans les festins d'apparat donnés par les rois, aux princes du sang, aux pairs, aux princesses, les autres convives s'asseyant

UNE ENTRÉE DE L'AUBERGE DES NATIONS SOUS LE PALAIS

à des tables mobiles plus ou moins rapprochées, selon leur rang.

La table de marbre, table royale, siège de la judidiction des eaux et forêts, avait encore une autre destination bien différente : c'était aussi le théâtre de la basoche ; en ces âges naïfs, sur la table des festins royaux, les clercs de la basoche du Palais montaient, aux jours de leurs divertissements traditionnels, pour jouer leurs farces, momeries, sotties et moralités.

Très probablement un revêtement de bois formant estrade recouvrait alors la table de marbre, estrade surélevée dont le dessous servait de vestiaire. C'est ainsi que Victor Hugo, au premier chapitre de *Notre-Dame de Paris*, a mis en scène une représentation de mystère, offerte au populaire sur cette table à l'occasion d'un mariage princier.

Dans les guerres civiles du XIVe siècle, le Palais avait été le théâtre de bien des événements sanglants; aussi Charles V, à qui le séjour en ces murailles trop souvent forcées eut rappelé de trop mauvais souvenirs, l'abandonna pour l'hôtel Saint-Paul ou le Louvre. Le Palais cessa d'être demeure royale ; cependant aux grandes circonstances, pour les visites princières, pour certaines solennités, c'était toujours la *Grande Salle* qui servait aux réceptions d'apparat.

Ainsi, en 1378, pour la visite de l'empereur d'Allemagne Charles IV, à qui l'on avait donné pour logis les anciens appartements royaux, toutes les cérémonies de l'entrée solennelle eurent lieu au Palais.

Le lendemain de l'entrée, l'empereur malade restant en sa chambre, son fils Wenceslas, après vêpres en la Sainte-Chapelle, merveilleusement illuminée, se rendit au banquet dans la Grande Salle. Festin encore le lendemain auquel l'empereur put prendre part.

Essayons de donner une idée du luxe et de l'ordonnance de ces repas solennels :

GRANDE SALLE DU PALAIS

A la table de marbre prirent place, sous un ciel de drap d'or aux armes de France, le roi, l'empereur et son fils, flanqués d'évêques et d'archevêques ; un grand dais recouvrait toute la table, et par derrière les piliers et fenestrages étaient houssés de drap d'or.

Ce n'étaient partout,au-dessus des tables, que dais de veluyau (velours) et draps d'or, draperies et tapisseries aux murailles. « Et est à savoir, disent les *Grandes Chroniques de Saint-Denis*, que la salle du grand palais était parée de tapis de haute lisse, à images, tout autour si bien ordonnées et si à point mises que les rois qui sont de pierre tout autour n'étaient point occupés ni empêchés de voir. »

Il y avait trois dressoirs à vins très richement parés, garnis, le premier de vaisselle d'or, de pots et flacons d'argent émaillés, le second de vaisselle d'argent dorée et le troisième de vaisselle d'argent blanche. « Et mangea bien dans ladite, par le rapport qu'en firent les hérauts, huit cents chevaliers sans les autres gens. »

Entre la table de marbre et les dressoirs avait été ménagé un espace défendu de bonnes barrières où, comme entremets, on donna la représentation de l'*Histoire et ordonnance comment Godefroy de Bouillon conquit la sainte cité de Jérusalem.*

Aux angles de la salle du Palais, deux coins réservés, bien enclos, formaient comme les coulisses où se préparait le spectacle. Des coulisses de gauche sortit une nef de mer, toute gréée, avec ses voiles et ses mâts, ses châteaux d'avant et d'arrière.

ANGELOT DE SAINT-JULIEN

Sur cette nef, « peinte et habillée très richement et très plaisamment », on voyait Pierre l'Ermite et Godefroy de Bouillon, avec onze chevaliers revêtus de harnois aux armes du royaume de Jérusalem.

Les coulisses de droite laissèrent paraître la cité de Jérusalem, une ville fermée de murailles à créneaux et de tours garnies de Sarrasins armés, avec bannières et pennons. Cette énorme décoration, mue par des gens cachés à l'intérieur, fut amenée devant la grande table, en face de la nef, d'où Godefroy de Bouillon et les croisés descendirent pour l'assaut...

La nuit était venue quand le festin et les divertissements prirent fin. La foule était si serrée dans la Grande Salle, sauf autour des tables royales protégées de barrières bien gardées, que l'empereur, porté dans sa chaise, eut grand'peine à regagner ses appartements, pendant que le roi et les princes allaient tenir réception en la Chambre du Parlement.

Cela ne marchait pas toujours avec autant d'ordre à ces festins. A l'entrée solennelle de la reine Isabeau de Bavière, le populaire envahit la salle, c'est la *Chronique du Bourgeois de Paris* qui le raconte, dans une telle presse et avec si peu de discrétion, que des tables furent renversées, des princesses à demi étouffées, et qu'à la table royale la reine Isabeau était sur le point de s'évanouir, si bien que le roi et les princes durent se lever en hâte et se retirer dans les appartements.

En 1431, pendant les années terribles de la domination anglaise, ce fut un roi anglais, le jeune Henri VI, qu'on amena dans cette salle le jour de son entrée solennelle.

Au festin qui suivit, le désordre fut complet : la foule, irrespectueuse et de mauvaise volonté, s'amusa à donner de grandes poussées régulières et à bousculer les uns sur les autres les membres de l'Université ou du Parlement, à les bourrer et même détrousser dans la bagarre, pendant que des « savetiers, moutardiers ou aides-maçons » s'asseyaient à leur place et mangeaient le festin à leur barbe.

Quelque cent années après on fêtait dans cette Grande Salle une princesse anglaise, Marie d'Angleterre, sœur de Henri VIII, jeune et superbe princesse de seize ans, épousée par Louis XII, veuf d'Anne de

Bretagne. Le festin était coupé d'entremets en quatre divertissements : le premier était un phénix sur son bûcher; le second, monseigneur Saint-Georges à cheval combattant le dragon ; le troisième, un porc-

MÉDAILLON RENAISSANCE

épic et un léopard soutenant l'écusson de France ; le quatrième, le combat d'un coq, d'un mouton et d'un lièvre. En 1523, lorsque le Parlement jugeait le procès du connétable de Bourbon, François Ier ayant envoyé son héraut Guyenne porter un défi à Charles-Quint, celui-ci lui adressa en retour un cartel par son héraut Bourgogne, que François Ier reçut solennellement dans la Grande Salle, entouré des princes du sang, d'archevêques et de cardinaux. En 1537, ce fut Charles-Quint lui-même que François Ier reçut et festoya dans la Grande Salle.

Viennent d'autres terribles années, la longue période des guerres de religion, les troubles où le Parlement joue un grand rôle et où, jusque dans la Grande Salle, querelles et bagarres font souvent sortir épées et dagues des fourreaux. Puis c'est le règne de Henri IV, sa mort et le procès de son assassin Ravaillac. Ce procès causa, dit-on, la perte de la Grande Salle. Un jour, après la chute de Concini, des preuves de la complicité de hauts et puissants seigneurs avec l'assassin, — on accusait d'Epernon et Marie de Médicis elle-même, — des preuves qui dormaient dans les greffes depuis huit années allaient sortir et jeter une terrible lumière sur les trames qui avaient abouti à l'assassinat du grand Henri. Ces preuves ne sortirent pas : une terrible catastrophe allait frapper le Palais. Dans la nuit du 5 au 6 mars 1518 éclata l'incendie qui détruisit la fameuse Grande Salle du Palais et faillit entraîner la perte du Vieux Palais tout entier.

Le feu prit vers trois heures du matin à la Grande Salle, voûtée, comme on sait, en carène de navire, de magnifiques lambris de chêne peints, dorés et vernis; de l'autre côté de la rivière, une sentinelle du Louvre aperçut la flamme et donna l'alarme. En peu d'instants toute cette charpente bien sèche flamba comme un bûcher. les flammes sortirent par toutes les ouvertures; poutres et solives embrasées tombèrent sur les boutiques des marchands et les bancs des procureurs.

Dans tout le Palais, depuis longtemps, ces marchands s'étaient introduits, garnissant les galeries, les passages, les cours de leurs échoppes et boutiques, amenant avec eux la foule empressée. Les clients en quête de tous les colifichets de la mode ou des livres nouveaux, les flâneurs venus aux nouvelles se mêlaient partout dans ce Palais bruyant et grouillant de vie, aux gens de justice et aux plaideurs.

La catastrophe provint-elle d'une imprudence d'un de ces marchands ayant laissé du feu dans sa boutique? l'incendie fut-il allumé criminellement? On ne sait. On parla même d'une boule de feu, d'un bolide aperçu au-dessus de Paris et tombé sur la Grande Salle.

Cependant les marchands étaient accourus et tentaient de sauver leurs marchandises sous la pluie du feu qui tombait des voûtes. Le prévôt Defunctis organisait les secours avec ses archers, deux mille travailleurs puisaient à la rivière et apportaient l'eau dans des seaux, des chaudrons et tous les récipients possibles. Faibles moyens! L'embrasement devenait général, favorisé par le vent qui soufflait les flammes dans les galeries, les faisait s'engouffrer dans les couloirs avec un grondement de volcan et gagner par l'intérieur ou par les toits la partie du Palais donnant sur la rivière.

Bientôt les greffes furent atteints; tous les registres, tous les sacs de procédure brûlèrent, sauf quelques-uns sauvés à grand'peine. Le comble de la Grande chambre flamba, le vent du sud porta des ardoises jusqu'à l'église Saint-Eustache. Quand le comble s'effondra, il y eut comme une éruption de brandons et de flammèches qui s'en allèrent mettre le feu au clocheton de la Tour de l'Horloge, mais on put heureusement préserver cette tour en détruisant sa couverture.

Dans une sorte de canal bordé de fumier très épais, l'eau puisée à la Seine était envoyée jusque dans la cour du Palais transformée bientôt en un lac, ce qui permit d'inonder plus facilement les locaux menacés par les flammes. L'immense brasier de la Grande Salle élevait à une telle hauteur ses tourbillons flamboyants, que les villageois des environs apportant leurs denrées aux Halles, surpris par cette aube inattendue, pensaient que le soleil « s'était levé plus tôt que de coutume ».

La Grande chambre elle-même put être sauvée, ainsi que la galerie aux Merciers; mais pour la Grande Salle, le désastre était complet, irréparable les piliers : brisés, calcinés, s'écaillaient et s'écroulaient; les statues des rois qui décoraient ce majestueux double vaisseau gisaient dans les décombres, en débris informes rongés par le feu. Enfin, la grande table de marbre, la table des festins royaux, était détruite, brisée, émiettée parmi les tas de pierres calcinées. Les flammes étaient arrivées jusqu'à la Conciergerie; une tourelle brûlait, une fumée noire sortait du greffe, envahissant tout; les prisonniers, effrayés, craignant d'être brûlés vifs dans leurs cachots, poussaient des clameurs violentes et tentaient de briser leurs portes. On voulut, devant le péril imminent, les transférer au Châtelet; quelques-uns profitèrent de l'occasion et, dans le tumulte de ce transfèrement, réussirent à se perdre dans la foule.

Le lendemain fut publié à son de trompe et lu au prône des paroisses un arrêt du Parlement concernant les liasses de papiers, les sacs de procédure, les registres ou autres pièces sauvés du feu, transportés çà et là ou restés entre les mains des sauveteurs; l'arrêt ordonnait expressément de tout remettre au greffier de la cour et défendait aux épiciers, merciers ou apothicaires d'acheter aucun papier sous peine de punition et amende.

Un quatrain du poète Théophile courut la ville au lendemain de ce malheureux incendie de l'illustre et à jamais regrettable Grande Salle :

> Certes ce fut un triste jeu
> Quant à Paris dame Justice,
> Pour avoir mangé trop d'épices,
> Se mit le Palais en feu.

Les épices, c'étaient les cadeaux de confitures, vins fins ou épiceries, offerts au juges par les plaideurs, selon la vieille coutume. Après Charles VII, les épices avaient été converties en bel et bon argent, mais le nom restait. Ces épices étaient parfois bien considérables dans les causes importantes, et nonobstant la vieille et générale réputation d'intégrité des magistrats du Parlement, on les accusait de peser parfois sur la conscience de quelques-uns d'entre eux. Elles pesaient dans tous les cas sur les cœurs des plaideurs et donnaient lieu à mille quolibets contre les gens du Palais.

Reconstruite en froid style antique, par Jacques de Brosse, la nouvelle Grande Salle, devait durer deux siècles et demi et, après avoir subi tout autant que l'aûtre le contre-coup des révolutions, périr dans les incendies de la Commune.

N'oublions pas aussi que de tout temps, depuis

PANNEAU RENAISSANCE

Philippe le Bel, la Grande Salle du Palais devenait à certains jours la propriété du Roi de la Basoche et la salle des jeux et divertissements des basochiens du Palais.

Lorsque sous Philippe le Bel, s'établit régulièrement, le Parlement de Paris, cohabitant pour quelque temps au Palais avec les rois, les clercs de ce Parlement, les nombreux scribes employés dans les greffes des diverses chambres se constituèrent en communauté, officiellement reconnue en 1302, suivant la tradition, par Philippe le Bel. La corporation, pourvue de nombreux privilèges, prit la qualification de royaume de la basoche et son chef le titre de roi.

Ces rois de la basoche avaient constitué l'administration de leur royaume à l'imitation des rois de France, leurs voisins dans le Palais. Ils avaient comme ceux-ci chancelier et vice-chancelier, maître des requêtes, grand aumônier, procureur général, sans compter les greffiers et les huissiers.

Leur tribunal, connaissant souverainement de tous les grands litiges entre les clercs et de toutes les actions contre eux intentées, tenait, deux fois par semaine, ses assises dans la grande chambre. La basoche de Paris était suzeraine des basoches de province, et dans les grandes villes les prévôts ou princes de la basoche devaient foi et hommage au roi de la basoche du Palais de Paris, absolument comme les possesseurs des grands fiefs au roi de France.

Et même, suivant la tradition, le roi de la basoche battait monnaie comme un monarque sérieux, une monnaie particulière qui n'avait cours que parmi les clercs ou chez les marchands leurs fournisseurs, c'est à-dire qui ne devait être qu'une médaille représentative à échanger en vraies espèces sonnantes.

Le royaume possédait naturellement des armoiries, trois écritoires d'or sur champ d'azur, écusson parlant, ayant pour supports deux figures de femmes nues, et fièrement surmonté d'un heaume. Pour alimenter ses finances, la basoche tirait quelques bribes des amendes prononcées par les chambres du Parlement et percevait des contributions de bienvenue sur les *béjaunes*, les nouveaux clercs entrant au Palais.

Toujours comme un véritable monarque, le roi de la basoche convoquait ses sujets chaque année pour la plantation du may et pour la montre ou revue générale, où les clercs, organisés par compagnies de cent hommes armés, à pied et à cheval, défilaient devant le roi de la basoche et ses ministres, cavalcade joyeuse qui se terminait par une représentation d'un mystère, d'une farce ou d'une sottie.

Au XVIe siècle, ces montres générales, grand sujet d'esbaudissement parmi les Parisiens, étaient devenues un spectacle si curieux, que par deux fois, en 1528 et en 1540, François Ier s'en offrit le divertissement. A la montre de 1528, l'un des capitaines de la basoche avait composé sa compagnie de femmes et de jeunes clercs habillés en femmes; cette compagnie carnavalesque marchant avec les autres eut un succès considérable ; mais l'official de Paris se scandalisa de cette fantaisie et poursuivit le capitaine. Le roi de la basoche intervint alors au nom de ses privilèges et prérogatives, et non seulement déchargea le capitaine de ces poursuites, mais encore il fit comparaître devant son tribunal particulier un clerc qui avait contrevenu à l'ordre de son capitaine et refusé de prendre le costume féminin pour marcher avec sa compagnie, et le clerc fut condamné à faire amende honorable sans préjudice de la peine pécuniaire.

Les représentations théâtrales avaient lieu soit en plein air au Pré aux Clercs, soit dans la Grande Salle, sur la table de marbre des festins royaux. Comme les *Confrères de la Passion* à la Trinité, et les *Enfants sans-souci* aux Halles, les basochiens, dans leurs spectacles, montraient un penchant déterminé à la satire et ne se gênaient nullement pour mettre en scène de grands personnages ou des membres du Parlement, lequel, continuellement en lutte ouverte avec l'audacieuse basoche, se défendait à coups d'arrêts.

Le roi Louis XII était meilleur prince et laissa toute liberté aux jeux de la table de marbre, leur permettant de se risquer du côté de la politique et de s'attaquer aux gens de la cour, pourvu que l'on ne touchât point à la reine Anne de Bretagne.

Ces représentations de la table de marbre, qui durè-

réels, devant le Palais assemblé et les curieux accourus pour s'esclaffer. La *cause grasse* était une affaire plus ou moins scandaleuse, toujours drolatique et burlesque, que l'on réservait dans l'année pour la circonstance ; ou bien, lorsque manquait l'aventure suffisamment grivoise, on imaginait une affaire fictive, se rapportant à quelque événement, quelque aventure galante, et qui mettait sur la sellette, sous des noms supposés très clairs pour le monde du Palais, des personnages réels, parfois même des gens de justice, surtout ceux du Châtelet, sur lesquels la basoche du Palais se plaisait à dauber. Tous ces jeunes basochiens se tranformaient pour la circonstance en juges, en avocats demandeurs et défendeurs, luttant de joyeusetés, d'inventions fort drôles, mais extrêmement grivoises, dans le réquisitoire et les plaidoiries, ainsi que dans le jugement final.

Cette grande Salle du Palais, qui évoque des souvenirs à remplir des volumes, salle des festins royaux, salle des fêtes solennelles, est ici salle des fêtes de l'Auberge des Nations et salle de théâtre : c'est la Bodinière, le théâtre si littéraire de la rue Saint-Lazare fondé et dirigé par M. Bodinier, qui depuis dix ans a fait applaudir sur la petite scène de la rue Saint-Lazare l'élite de la littérature et du théâtre contemporain, et qui amène au *Vieux Paris* les artistes réels, devant le Palais assemblé et les curieux accourus pour s'esclaffer. La *cause grasse* était une affaire plus ou moins scandaleuse, toujours drolatique et burlesque, que l'on réservait dans l'année pour la circonstance ; ou bien, lorsque manquait l'aventure suffisamment grivoise, on imaginait une affaire fictive, se rapportant à quelque événement, quelque aventure galante, et qui mettait sur la sellette, sous des noms supposés très clairs pour le monde du Palais, des personnages réels, parfois même des gens de justice, surtout ceux du Châtelet, sur lesquels la basoche du Palais se plaisait à dauber. Tous ces jeunes basochiens se tranformaient pour la circonstance en juges, en avocats demandeurs et défendeurs, luttant de joyeusetés, d'inventions fort drôles, mais extrêmement grivoises, dans le réquisitoire et les plaidoiries, ainsi que dans le jugement final.

Cette grande Salle du Palais, qui évoque des souvenirs à remplir des volumes, salle des festins royaux, salle des fêtes solennelles, est ici salle des fêtes de l'Auberge des Nations et salle de théâtre : c'est la Bodinière, le théâtre si littéraire de la rue Saint-Lazare fondé et dirigé par M. Bodinier, qui depuis dix ans a fait applaudir sur la petite scène de la rue Saint-Lazare l'élite de la littérature et du théâtre contemporain, et qui amène au *Vieux Paris* les artistes de la Bodinière jouant sur la table de marbre comme leurs ancêtres du quinzième siècle.

Vieilles chansons dites en costumes de l'époque, jusqu'aux chansons en crinoline du second Empire,

MÉDAILLON RENAISSANCE

petites revues, pantomimes, monologues, danses de caractère, parodies, etc., tous les genres y défilent, et le programme est fait de telle manière que le spectacle, tout en restant un régal pour les yeux et pour l'esprit, puisse être fréquenté par tout le monde.

Grands degrés de la Sainte-Chapelle. — Après la grande salle du Palais se trouve une cour bâtie de trois côtés et par le quatrième côté ouverte entièrement sur la Seine. Elle est dite *de la Sainte-Chapelle*, parce qu'on y trouve, pour monter à la Bodinière, l'escalier si fameux que Louis XII avait appliqué au flanc sud de la Sainte-Chapelle, et qui menait à la chapelle haute et à la galerie mercière. A la fin du XVe siècle, il fut entrepris de grands travaux au Palais : on remania la façade de la Sainte-Chapelle, on refit la grande rose, pendant que juste en face se construisait la Chambre des comptes, le magnifique édifice si malheureusement disparu en 1737, incendié de fond en comble. Le roi Louis XII fit ajouter à la Sainte-Chapelle les *grands degrés*, par lesquels il pouvait, car il était goutteux, se faire monter en litière.

Cet escalier, qui faisait en quelque sorte pendant aux degrés de la Chambre des comptes, également en hors-d'œuvre, était par lui-même un magnifique bâtiment à quatre arcades ogivales, soutenues de gros piliers semés de fleurs de lys, terminés par des pinacles fleuris encadrant un réseau de courbes flamboyantes.

Dans le cours des siècles l'enceinte du Palais, d'abord formée d'un rempart crénelé percé de deux

LE PALAIS. — LES GRANDS DEGRÉS DE LA SAINTE-CHAPELLE

portes fortifiées sur la rue de la Barillerie, voie transversale de la Cité, s'était garnie de maisons accrochées à ses murailles, de pignons portant directement sur le crénelage et d'échoppes logées entre les contreforts, à l'intérieur comme à l'extérieur, autour de la Sainte-Chapelle, incrustées dans tous les rentrants de murailles, dans tous les coins, suspendant même des étages encorbellés les uns sur les autres. Dans tout Paris d'ailleurs, le long de tous les monuments, il en était de même ; les moindres coins étaient utilisés ; il y avait à peu près autant d'échoppes, de petites boutiquettes, constructions parasites, que de maisons et, plus d'une fois, l'autorité dut intervenir pour arrêter la pousse de ces champignons de muraille.

Dans les échoppes du Palais, aux deux derniers siècles surtout, on trouve tous les commerces possibles et certains petits métiers, comme les horlogers et les barbiers. Les boutiques sont très achalandées; la foule, circulant perpétuellement dans les galeries comme dans un établissement marchand analogue aux galeries du Palais-Royal, se presse devant les étalages, sous les larges auvents.

Les libraires et les marchands d'articles de mode, surtout, sont nombreux sur l'escalier de la Sainte-Chapelle et resteront fidèles au Palais jusqu'à la Révolution ; leurs boutiques sont le rendez-vous des oisifs. Les dames et les beaux cavaliers se pressent chez la marchande de mode, examinant dentelles pour le cou, pour les manchettes ou pour les bottes, collets et grandes fraises, rubans, éventails, gants, masques pour les dames, etc., toutes les dernières

MÉDAILLON RENAISSANCE

créations de la mode. Les lettrés feuillettent les livres nouveaux, les grands romans de Mlle de Scudéry, les rébarbatifs bouquins de droit, de théologie ou d'histoire, les pesants volumes des graves écrivains et les petits recueils des poètes.

Dans ses curieuses estampes Abraham Bosse nous

montre ces élégants chalands courant les boutiques du Palais, en quête de la mode fraîchement éclose et des bruits du jour, nouvelles des armées venues par les derniers courriers, échos des petits ou grands événements de la cour, menus cancans de la ville. C'est la gazette parlée qui se fait là ; on vient recueillir, aux petites réunions chez la modiste ou chez le libraire, les nouvelles que l'on répandra ensuite à la promenade, sous les arcades de la place Royale ou dans les ruelles du beau monde.

Un jour de Mardi-Gras, on avait vu le roi Henri III avec de jeunes seigneurs, en train de courir la ville et de faire les mille folies autorisées par le carnaval, « arriver, masqués et à cheval, dans la cour du Palais. L'un d'eux, raconte Brantôme, étant sur son cheval, Réal, monta de course, car ainsy le fallait, par le grand degré du Palais (cour du May), cas estrange estant aussi roide, entra dans la galerie et grande salle du Palais, fit ses tours, promenades, courses et folies, et puis vint descendre par le degré de la Sainte-Chapelle, sans que le cheval jamais bronchast, et rendit son maître sain et sauf dans la basse cour... »

C'est l'escalier de la Sainte-Chapelle que Boileau, dans son poème héroï-comique du *Lutrin*, donne pour champ de bataille à ses chanoines, mettant à sac la

COUR DE LA SAINTE-CHAPELLE

boutique du libraire Barbin pour se jeter à la tête de lourds volumes :

Par les détours étroits d'une barrière oblique,
Ils gagnent les degrés et le perron antique
Où sans cesse, étalant bons ou méchants écrits,
Barbin vend aux passants des auteurs à tous prix.

Boileau le connaissait bien, son Palais ; onzième enfant de Gilles Boileau, greffier du Palais, il était né en cette cour de la Sainte-Chapelle, dans l'une des maisons faisant face à notre escalier.

En 1630, le feu ayant pris dans les combles de la Sainte-Chapelle, la flèche détruite écrasa en s'écroulant les arcades de l'escalier, qui furent refaites assez grossièrement en arcades à plein cintre où les boutiques se réinstallèrent. L'escalier et les échoppes existaient encore à la Révolution, lorsque la Sainte-Chapelle, sans flèche, était convertie en grenier à farines.

Dans la cour de la Sainte-Chapelle, outre le grand escalier, on a placé quelques détails du Palais à différentes époques, détails pris aux fenêtres du Trésor des Chartes, exquise petite sacristie accrochée jadis au flanc de la Sainte-Chapelle, du côté opposé à l'escalier, délicate comme un reliquaire et détruite en 1780 pour la construction d'une lourde galerie ; restes de

BRETÈCHE DE L'HOTEL DE BOURBON

décoration Louis XII, fleurs de lys et dauphins qu'à la fin du siècle dernier on retrouvait encore sous les adjonctions diverses, dans le tohu-bohu de constructions parasites accrochées aux vieilles murailles du Palais.

Bretèche de l'hôtel de Bourbon. — A côté du grand escalier et faisant face à la Seine, on a restitué la grande bretèche de l'hôtel de Bourbon, un de ces balcons fermés, tribunes ou loges, comme en possédaient certains logis seigneuriaux.

C'est un souvenir d'un édifice jadis voisin du Louvre et dévoré peu à peu par son puissant voisin; situé au bord de la Seine, l'hôtel de Bourbon occupait à peu près toute la place entre les fossés du Louvre et Saint-Germain-l'Auxerrois. Construit au commencement du XIVe siècle par un prince de la maison de France, Louis de Bourbon, comte de Clermont, agrandi et embelli ensuite, il se trouvait au XVIe siècle en la possession du connétable de Bourbon, prince du sang, aussi rapproché du trône que son logis de Paris l'était du château royal du Louvre, — cavalier superbe, seigneur magnifique, éblouissant la cour par son luxe et son opulence.

La mère de François Ier, Louise de Savoie, alors âgée de quarante-sept ans, s'éprit du connétable, qui dépassait de très peu la trentaine et venait de perdre sa femme, Suzanne de Bourbon-Beaujeu. Louise de Savoie rêvait de l'épouser ; mais ses avances ayant été repoussées, une haine violente prit la place de l'amour déçu. Liguée avec le chancelier Duprat, autre ennemi

PANNEAU RENAISSANCE

du connétable, elle entama la lutte et finit par jeter le connétable, hors de lui, entre les bras de Charles-Quint, dans une entente dont Bourbon espérait tirer la constitution à son profit d'un royaume de Bourgogne.

La bretèche de l'hôtel de Bourbon portait depuis cent cinquante ans, inscrite dans les trilobes de sa balustrade, les lettres du mot: *Espérance*, éternelle devise de tous les princes du sang trop rapprochés du trône. Or, pendant que le connétable de Bourbon s'en allait trouver la mort à Rome, au château Saint-Ange, sous le coup d'arquebuse dont Benvenuto Cellini s'attribua l'honneur, le Parlement confisquait tous ses biens, flétrissait sa mémoire et, ne pouvant s'en prendre à l'homme, faisait décapiter en signe d'infamie la tourelle d'angle de l'hôtel, qui resta le sommet fauché en sifflet jusqu'au XVIIIe siècle, puis semer du sel dans les appartemnnts, briser les armoiries par le bourreau et barbouiller d'ocre jaune, couleur de flétrissure, tous les ornements, le portail d'entrée, les fenêtres, la bretèche et aussi la fallacieuse devise: *Espérance.*

L'hôtel de Bourbon avait bien des pages tragiques dans son histoire, telle par l'exemple l'*occision* des prisonniers armagnacs par les gens du parti de Bourgogne en 1418. Et si réellement, car ce n'est pas prouvé, le roi Charles IX

Non juste roy, mais juste arquebusier...

a, dans la nuit de la Saint-Barthélemy, *giboyé* aux huguenots « trop lents à se noyer », le lieu d'affût pour l'arquebusier royal ne serait pas, comme une fausse tradition l'indique, certaine fenêtre du Louvre que l'on

TOUR DE L'ARCHEVÊCHÉ

continue à montrer, mais bien la bretèche de l'hôtel de Bourbon.

L'hôtel de Bourbon servit au XVIIe siècle, nonobstant la flétrissure, aux séances solennelles des États généraux de 1614, les derniers convoqués avant ceux de 89 ; puis Louis XIV y dansa aux fêtes de sa jeunesse, et la troupe de Molière, dans la grande salle des États, joua pendant deux ans la comédie, y donnant les premières représentations des *Précieuses ridicules* et de *Sganarelle.*

Tour de l'Archevêché. — L'angle gauche de la cour de la Sainte-Chapelle est dominé par l'ancien donjon des évêques de Paris. Jusqu'en 1831, entre le flanc sud de Notre-Dame et la Seine, s'éleva le palais archiépiscopal construit pour les évêques de Paris en même temps que la cathédrale. Maurice de Sully l'avait commencé à la fin du XIIe siècle. C'était un ensemble de bâtiments crénelés et appuyés de contreforts, précédés d'un jardin en terrasse sur la Seine ; une grande salle dont le pignon regardait l'Hôtel-Dieu servait aux assemblées ecclésiastiques, aux réceptions royales lors des grandes cérémonies à Notre-Dame, mariages, entrées, obsèques, etc. Une haute tour crénelée, donjon du palais, dominait les bâtiments et complétait la belle physionomie de ce point de Paris, si merveilleux par la réunion, à la poupe de la nef parisienne, de tant de superbes édifices revêtus de la majestueuse splendeur de l'art et de la poésie du passé.

Au-dessous de cette tour se trouvait la chapelle faisant suite au grand corps de logis; les jardins avec d'autres bâtiments se poursuivaient jusqu'au *terrain Notre-Dame*, appelé au moyen âge la *motte aux papelards*, et où se trouvait l'une des justices de l'évêque de Paris.

BRETÈCHE RENAISSANCE
ENTRÉE AVAL DU VIEUX PARIS

Ce palais archiépiscopal avait vu défiler pour les grands jours de Notre-Dame toutes les hautes figures de la France pendant plus de dix siècles; il avait subi le contre-coup des révolutions, pendant la

Ligue, quand Notre-Dame logeait les troupes des Seize, pendant la Fronde, quand le cardinal de Retz s'y ortifiait avec les hommes de son régiment de Corinthe. fPour terminer, ces bâtiments avaient en leurs derniers jours abrité les premières séances de l'Assemblée nationale de 89, quand elle quitta le Jeu de paume de Versailles. Ils devaient finir dans une émeute en 1831, saccagés et à moitié démolis en quelques heures par une bande de quelques milliers de forcenés.

Hôtel d'Harcourt. — Le bâtiment à l'angle opposé aux grands degrés de la Sainte-Chapelle, et formant passage en pente, est emprunté à l'ancien hôtel d'Harcourt, sis au quartier de l'Université, non loin du collège fondé par la famille de ce nom. Le carrefour sous le pignon de l'hôtel portait le nom expressif de carrefour Coupe-Gueule, probablement en raison d'exploits nocturnes de tire-laine, escholiers comme en connut maistre François Villon, coureurs de mauvais lieux, « pipeurs et larroneurs », travaillant le soir à soulager de leurs escarcelles les bourgeois attardés.

Sur la rampe descendant à la passerelle et au quai de Billy, les façades à côté du bâtiment de l'hôtel d'Harcourt sont du XVIe siècle, agrémentées par une bretèche en bois à trois étages reproduisant les motifs de décoration que la Renaissance avait introduits, les

ÉCHOPPES DE LA FOIRE SAINT-LAURENT

médaillons sculptés sous les fenêtres, les rinceaux et divers souvenirs de l'art antique traités avec une délicatesse élégante et une grande liberté.

Tout ce quartier, depuis le Pont au Change, est XVIe et XVIIe siècle, boutiquiers, gens de l'Auberge des Nations, soldats des corps de garde faisant, suivant les maniements d'armes de l'époque, l'exercice de la pique et de l'arquebuse, sous la salade du temps de la Ligue comme sous la hongreline et le feutre des troupes du roi Louis XIII.

QUARTIER XVIIIe SIÈCLE

(Suite)

La foire **Saint-Laurent**. — Comme contraste au sévère Palais ainsi qu'aux rues moyen âge d'un caractère à la Villon et Rabelais, on a, en arrière du Pont au Change et du Châtelet, aménagé un coin tout entier XVIIIe siècle. C'est la rue de la Foire Saint-Laurent, avec ses boutiques et ses échoppes dont la décoration est sortie tout entière des estampes de Cochin, de Gravelot et de Saint-Aubin, cadre pimpant pour les petits commerces élégants, pour les boutiquières en paniers et les commis en gilets tabac d'Espagne.

On sait que les foires comme la foire Saint-Germain et la foire Saint-Laurent étaient des espèces de petites expositions universelles, où l'on trouvait tous les produits de l'industrie, toutes les marchandises souhaitables, ainsi que toutes les occasions possibles de s'amuser, les plus riants étalages à côté de théâtres, cabarets, académies de jeux formant un champ de fête perpétuel. La mode, pendant près de trois siècles, conserva ses faveurs à la foire Saint-Germain, même aux époques troublées, alors que trop souvent bagarres et querelles, y éclatant chaque soir, faisaient mettre l'épée à la main à trop de gens de désordre, sans parler des pages et laquais cherchant aubaines dans les bousculades.

Au XVIIIe siècle il y eut aussi la Foire Saint-Ovide, place Vendôme ; mais la foire Saint-Laurent, *extra muros*, plus champêtre, conquit la vogue au XVIIIe siècle avec ses guinguettes, ses marionnettes, ses ombres chinoises, ses spectacles divers, surtout ses théâtres à musique, lesquels, à travers mille entraves, mille difficultés, en lutte à la fois avec les comédiens français et les comédiens italiens, qui de par leurs privilèges leur refusaient à coups de procès à la fois le dialogue et la musique chantée, s'efforçaient au moyen d'écriteaux déroulés par l'acteur en descendant du cintre et portant les paroles du dialogue interdit ou les couplets, et par d'autres stratagèmes, de tourner spirituellement toutes les difficultés et créaient le vaudeville et l'opéra-comique.

Liste

DES ÉTABLISSEMENTS, RESTAURANTS, TAVERNES, BOUTIQUES ET ECHOPPES DE MÉTIERS OU COMMERCES DU

" Vieux Paris "

QUARTIER MOYEN-AGE

PORTE SAINT-MICHEL

PLACE DU PRÉ-AUX-CLERCS

TAVERNE DU PRÉ-AUX-CLERCS :

LA GALÈRE, LE BOEUF COURONNÉ

L'ARCHE DE NOË, LA LAMPROYE

RUE DES VIEILLES-ÉCOLES

LE PAVILLON DES SINGES. (*Maison natale de Molière*). — Apothicairerie.

LES TROIS ÉCRITOIRES. (*Maison de Nicolas Flamel*). — Librairie, Enluminures, Gravures, Photographies, Albums, Cartes postales, etc.

AU GRAND COQ. (*Maison de Théophraste Renaudot*). — Gazette du Vieux Paris.

A L'OLIVIER. (*Maison de Robert Estienne*). — Diplôme de bourgeoisie.

A LA POMME DE PIN. — Cabaret chantant. — Théâtre d'ombres.

A L'HERMINE. — Broderies, Tabletterie et Maroquinerie.

AU CHEF SAINT-DENIS. — Antiquités.

A L'OURS DE BERNE. — Maison Suisse.

AU LANSQUENET. — Beignets.

A LA HARPE. — Émaux.

A LA CROIX DE LORRAINE. — Optique.

AUX QUATRE FILS AYMON. — Objets en métal.

A L'ESQUIF SAINT-JULIEN. — Médaille, Objets religieux, Antiquités.

RUE DES REMPARTS

A LA CORNEMUSE. — Objets en nacre, etc.

A LA ROUE DE FORTUNE. — Talismans.

A LA LICORNE. — Couteaux et services de table.

A L'ORIFLANT. — Cafés.

AU PUISSANT VIN. — Champagne.

LE HEAUME. — Confiserie, Pains d'épices.

AUX ARMES DE NORMANDIE. — Crêpes et Cidre.

A LA BONNE FEMME. — Galette et Brioche.

AUX ISLES FORTUNÉES.

A LA CHÈVRE QUI HARPE.

A L'IMAGE SAINT-PIERRE.

A L'IMAGE SAINT-JEAN-BAPTISTE.

PLACE SAINT-JULIEN DES MÉNESTRIERS

EGLISE SAINT-JULIEN-DES-MÉNESTRIERS

RAMPE DES HALLES

A MARGOT BON-BEC. — Blanchisseuse.

AU TAMBOUR ROYAL. — Costumes.

A LA GUIRLANDE DE FLORE. — Fleurs.

AU CYGNE DE LA CROIX. — Thé et Lait.

AU MOULE A GAUFRES. — Gaufres.

CABARET DES HALLES.

AU COEUR VOLANT.

A LA GRILLE DE LULLI.

A LA FLEUR DE LYS. — Bijoux anciens.

AU TROIS-VISAGES. — Tabac.

AU BON COING.

GRAND-THÉATRE.

QUARTIER XVIIe SIÈCLE

PONT AU CHANGE

A LA NAÏADE. — Eaux de Vichy.

AU DAULPHIN. — Faiences, Plats, Pots, Pichets, Fantaisies, Souvenirs, Service Vieux Paris.

A la Comète.

Au Lion rouge.

A la Toison d'or. — Objets d'art, Plaquette-souvenir du Vieux Paris, par le sculpteur Lormier.

A la Bonne Heure. — Horloger.

Au Vuidrecome. — Cristaux gravés.

A l'Esventail des Graces. — Eventails, Ecrans, Abat-jour.

A l'Aigle royal.

Au Sagittaire.

RAMPE DU CHATELET

Au Griffon. — Objets d'art, Platres et moulages.

Au Moulinet.

Aux Armes du Périgord. — Gaufres.

QUARTIER XVIe SIÈCLE

AUBERGE DES NATIONS.

LA BODINIÈRE.

QUARTIER XVIIIe SIÈCLE

FOIRE SAINT-LAURENT

A Jean Nicot. — Tabac.

A la Perruque d'Absalon. — Peignes et coiffures écaille.

Au Zèbre. — Mosaïque.

Au Trèfle d'argent. — Bijoux.

Au Vert Galant. — Cristaux gravés, Mouchoirs, etc.

A la Canne de Monsieur de Voltaire. — Cannes et Parapluies.

Au Roy du Maroc. — Maroquinerie.

Au Remouleur. — Couteaux.

Au Carquois d'or. — Cadres, Cartes postales.

Au Dragon. — Graveur.

A la Teste noire. — Brou de noix.

A la Coquille d'or. — Bijoux Louis XVI.

A la Perruche. — Chocolat à la tasse.

A Saint-Eloi. — Orfèvre.

A la belle Renommée. — Emaux et bois sculptés.

Au Grand Chatelet. — Patisserie.

A la Chambre magique. — Portraicturographie.

A la belle Etoile. — Bijoux et diamants.

Au Lion de Saint-Marc. — Vieilles dentelles.

Au Chat qui pêche. — Objets en bois et métal.

Au Mousquetaire noir. — Pâte à cuirs.

Au Coq Hardi. — Quinquina.

Au Croissant.

SORTANT DES PRESSES DE L'IMPRIMERIE ARTISTIQUE

MÉNARD & CHAUFOUR

Paris — 8-10, Rue Milton, 8-10 — Paris

—

Avril 1900

Imp. Ménard et Chaufour, 8-10, rue Milton — **Paris.**

www.ingramcontent.com/pod-product-compliance
Ingram Content Group UK Ltd.
Pitfield, Milton Keynes, MK11 3LW, UK
UKHW021054230726
13926UKWH00004B/1852

9 782016 133170